Our obuier de sister et du tout extirper et destruire les sectes des ydolatres hereses, et mesmes celle qui depuis naguaires a pris entree ou trescristien royaume de france, vulgairement appelle des vaudois. Laquelle lennemy de toute humaine nature par son enuie a de nouuel trouuee et icelle manifestee et semee a aucuns foibles et molz en la vraye foy catholique affin de pouoir par la sequence dicelle enuironner duoree et attraire les cuers des cristiens et par ses suggestions les fortraire de la gloire a eulx promise se ilz en la vraye foy se combatent et perseuernet iusques en fin je qui pour ma foiblesse de sens et aincoires non bien du tout istruit touchant ceste mauldite et infecte deception mais touteffois tenu de ce faire ne me vueil nommer. Ay volu escripre ce petit traitie premierement en latin et puis en francois par maniere de inuectiue affin quil fust et soit patent a chascun des gns maulx et merueillaux inconueniens qui pourroient naistre et venir en cestui royame et mesmes a toute la cristiente se ceste mauldite et desnaturee secte procedoit et croissoit plus auant.

En faisant les prelas
de leglise. les princes te
porelz. & de iustice. & mes
mes les gens de tous
estas vrais et catholi-
ques cristiens a iceulx
destruire & du tout effa
cier affin de raser le nõ
de ladite secte. et des en
suiuans icelle. par toꝰ
les moiens et facons q̃
possible leur sera. Car
selle estoit tolleree. et
non corrigie: ce q̃ a dieu
ne plaise. ce seroit la to
tale desertion & destruc
tion de la cristiente. et
mesmes la fin du mõ
de. Et retourneroit la
saignourie vniuersele
dessoubz le prince de te-
nebres. q̃ nostreseigneur
nomma. pnceps mun
di huius. De laquele

suggestion nous veul-
le preseruer le vray om
m potent dieu pere filz
et le benoit sainct espe-
rit. Amen

Sensuiuent les rubri
ces de cestui traittie in
titule les inuectines g
tre la secte de vauderie

De la maniere du pe
chie des angeles en espe
cial
De lorgueil des dya
bles
Comment en laffec
tion des diables ny a q̃
deux pechies. cestassa-
uoir orgueil et enuie
Comment les dya
bles sont coulpables de
tous noz pechiez q̃ noꝰ
faisons pour ce q̃ꝫ en

sont consentans et joy
eux et si nog y aduisent
par temptacion

La temptacion de a
dam quel fut son pechie
et quele la paine

L intencion de ceste
œuure

La diuision de ceste
œuure en deux parties

Comment le pechie
de vauderie est pieur q
lidolatrie des paiens

Les causes qui meu
rent les anciens a ydo
latrie

Declaracion particu
liere comment le pechie
de vauderie est plg grief
que le pechie didolatrie

Comment le pechie
de vauderie est plg grief
que le pechie de heresie

Comment le pechie de

vauderie est plus grief
q le pechie des macho
metistes

Cy declaire en particu
lier les detistables pe
chies des vaudois

Le sommaire de la
premiere raison

La seconde raison par
le de lescla de des maux
qui auiendroient de la
continuacio de ceste sec
te de vauderie et mostre
entre les autres choses
se ceste secte continuoit
que Antecrist par elle
vendroit au monde

Le sommaire de ceste
seconde et derraine rais
son auec exortacion co
mune

Exortacion aux pre
las

Exortacioy aux prin
ces

S'ensieut la seconde
partie du present trait
tie en laqle sera declai
rie ce que le diable puet
faire a la verite reale
ment et ce que noy

Le premier enseigne
mēt est de la qualite et
maniere de ceste art de
intromancie

Le second enseigne
mēt est des choses que
les diables font a la ve
rite

La fondacioy des con
siderations de ce que le
dyable puet faire a la
verite

Comment les dya
bles peuēt faire des ser
pens

Comment les dyas

bles peuent faire pleu
ues vens tonnoires et
pareilles tempestes et
comment les dyables
peuent porter les gens
en air et les faire com
me voler

Comment les diables
peuēt rompre les ser
res et emporter ce qui
est es coffres. et commēt
les dyables temptent
les gens

Le tiers enseignement
parle des choses que le
diable fait par illusiō
et par seule semblance
sans quelque verite

Les angeles bons ou
mauuais ne peuēt tou
chier de leur vertu natu
rele a la mutacioy des
cieulx

Les angeles ou dya

bles ne peuent faire dun
homme vne beste ne du
ne beste vne autre beste

Les angeles ou diables
ne peuet faire passer .j.
corps parmy vn huis
clos

Les angeles ou dya
bles ne peuent eyeercer
auure de vie es corps

La maneres des illu
sions diaboliques

La maniere de illu
sion diaboliq en la fan
tasie et ymagination
des gens, et commet se
font les songes

La maniere de cong
noistre se les malefices
des Vaudois se fot a la
verite ou seulemet par
illusion

Auertissement pour
les iuges

Comment on pourra
congnoistre se ces auures
desq touchees se font
des angeles ou des dia
bles

Comment on puet dis
cerner quat cest auure
dangele ou de diable

Comment on doit pre
dre garde auy fins ou
les esperis contendent

Pour auoir congnoissa
ce et discretion de ce que
dit est il fault prendre
garde a la maniere et
circostance des auures
des esperis

Comment les bons a
geles vsent a la fois de
bonne et saicte fainte

Les faintes du dyable
font toufiours mau
uais et mensongiers

Inuidia dyabo
li morsintrauit
in orbem terra
rum jmitātur autem
illum qui sunt ex par-
te illius et c̄. Cest a dire en frācois. Par le-
uie du dyable la mort
print entree ou monde
et se lensuiuent ceulx
qui tiennent son parti
Cest la parole du sai-
ge ou second liure de sa
pience

Jeu tout puissāt
createur du mon
de vniuersal fist et crea
tous les celestiens es-
pris bons et vertueux
leur donnant les haulx
dōs de nature et de gra
ce. Car comme dist
sait augustin auec la
noble nature quil leur
bailla il les doa aussy
de vertu et grace. mais
comme ilz eussent en
leur premiere istitucō
receu de dieu france vo-
lente qui se pooit chan-
gier et ployer duy coste
ou daultre et ne fussent
point de cez en estat de be
neurete immuable ains
deuoient acqrir la cou
rōne de iustice et de glo
re eternele par bien v-
ser diceulx diuis dons
les aucuns de ces espe-
ris vertueusement v-
sans des haulx benefi-
ces et dons de dieu receu
rent du tresiuste iuge
le guerdon de beneurete
pardurable par laque
le ilz furēt immuable
ment confermez en la
glorieuse contemplaci

oy de la benoite trinité
et leur fu donnee eterne
lle droitture de volente
sans jamais pooir fles
cir ne desmarcir mais
les autres comme des
contgnoissas et mespri
sans les haulx biens
qilz auoient abuserent
diceulx en oultrecuidan
ce orgueilleuse et mau
uaisement menacerent
contre la maieste de cel
luy qui leur auoit ces
biens donnez. Car le
tresnoble lucifer qau
commencemet et com
me puis dire au ma
tin du monde auoit na
issance e se le uoit plai
de sapience et de beaute
parfaitte estant ou mi
lieu des delices de para
dis qui estoit pare et

couuert de toutes pier
res precieuses. Et con
me descript la saincte
escripture sa robe es
toit chargie de sardes
de thopases de jaspres
de crisolis de onix de bri
sitz de saphirs descar
boncles et demmerau
des et estoit mis en la
saincte montaigne de
dieu pour y reluire e es
clairier tout le monde
de clere lumiere. Ces
tui di je tresbeau luci
fer tant richement pa
re tant hautemet doue
garni de si grans biés
en tele maniere se oul
trecuida quil presuma
monter comme dit les
cripture ou souuerain
ciel e esleuer son trosne
sur les estoiles celestes

voult mettre son siege
en la saincte montai-
gne du testament oy-
uiy en surmõtant tou
te la haultesse des nuez

Et tant desmesuree-
ment senorgueilly qui
se cuida faire sambla
ble au pnce souuerain

Mais par iuste iuge-
ment de la droicturiere
vengance dicelluy prin
ce il fut trãsmue de tres
cler et tresaorne angele
en tresnoir et tres detestable dragon et du ciel
fut tumbe a terre. Sy
a attrap de sa queue et a
mena aueclui la tierce
partie des estoilles ai-
si que conte lescripture

Alors doncqs le haut
createur soubz marcãt
et abaissant les orgueil

leux et aux humbles
et poures eslargissant
et les arrogans riches
laissa vuis et desprou-
ueus en separant et des
ioingnant la lumiere
des tenebres nomma
la lumiere iour et les te
nebres appella nuit .il
elumina doncques ces
beneurez et glorieux es
peris de sa pure clarte
les emplisãt de la tres
resplendissant beaulte
de sa lumiere eternele
et en fist miroirs relui
sans sans qlq souilleu
re ou tace pour y veoir
et congnoistre la haute
maieste diuine . mais
les autres esperis qui
orgueilleusement se cõ
ioyssans en leur pro-
pre excellence ne garde

rent pas ordre deu et q̃
ne furent contens de de
mourer en seignourie
riglee, ains relenqui-
rent leur estat et siege
limite furent condamp
nez de dieu en perpetuel
le chartre ou ilz sont
pour iamaislietz en cep
attendans le grant et
derremier iugement.

Ainsi tous les or-
guilleux et outrecuidi-
ez angeles tumberent du
tresbel et trescler ciel en
la terre de tenebres mi-
serables couvertes de
obscurite et de mort ou
nest trouvee ordre quel
conque. mais toute con
fusion et perpetuel hor
reur y habite et demeu
re

De la maniere du pe-
chie des angeles en espe
cial

Comme doncques les
angeles fussent tous
creez bons, ces pervers
espritz par la mauvai
stie de leur volente or-
guilleuse sont trebuchi
ez et cheus de la saincte
droiture ou ilz furent
instituez et fais. Et es
toit impossible que par
autre maniere ilz des-
marchassent et fouruoi
assent de ceste vertueu
se droiture. car trouble
de passion ou aguillon
de vicieuse acoustumã
ce ne pouoit survenir a
nature espirituele es-
tant en sa droiture.

Ainsi leur entende
ment ne pooit estre lie
de ignorance ou de er-

reur par quoy il frist
leur volēte destourner
du vray bien et soubz es
pece et couleur de bñ ne
la pouoit faire choisir
le vray mal. Il estoit
doncques necessite q̃ sa
volente choisist le vray
bien et convenable a sa
nature laquele volente
ne pooit estre pervertie
fors par mesprisier so
souverai lui auoit pñi
tee et baillie z en ce mes
pris et transgression est
la perversite dorgueil:
car quant la conioissã
ce que on a en sa propre
excellence seignourist
et enfle tellement le co
ratge que len reffuse et
mesprise estre subtget
a son souverain et ne
daigne len recontgnois

tre que on la tiēt de lui
mais en descongnoissãt
sa souueraineté et com
me desirant exceder soy
meismes len veut sur
mōter la mesure de sa
propre vertu

De lorgueil des dya
bles

Estui mauuais
angele doncques
orgueilleusemēt desira
et appeta estre sambla
ble a dieu. car comme
le createur est beneure
de sa nature: aussi le
dit lucifer voult atri
buer la dignite de la
beneurete eternele a sa
propre vertu la presu
mant obtenir par son
seul et propre effort a
quoy toutefois creatu
re ne peut ataidre fors

par son et grace diuine
et ne tint conte de remer
chier humblement la
maieste du createur ne
rendre a cellui loenge
et grace q est comme
dit lapostre le tout en
toutes choses de q par
qui et en qui sont tou
tes choses. Et ces
te orguilleuse ambica
on de dignite et propre
excellence lui fist jncon
tinent conceuoir enuie
du bien de lomme car
voyant la tresexcellen
te dignite ou lome par
grace diuine estoit col
loquie pour suppler et
restaurer sa ruyne, il
en fut amerueilliez do
lent et enuieux car que
est ce auoir enuie fors
se douloir du bien daul

trui pour ce que on le iu
ge estre aucunemét dó
mageaux et nuisant a
son propre bien. Ainsi
dit aristote que vn po
tier est enuieux de son
voisin potier. car il sem
ble a chascun de eulx q
le gaaignage de son voy
sin amébrit le sien pro
pre. A ceste cause aus
sy sentrebatent tous
iours les orguilleux et
jamais ne sont dacord
car chascun deulx seffor
ce attaindre haute et ex
cellente gloire laquele
est obscurcie et anean
tie ou aumoins amen
drie par compaignie car
excellence desire singu
larite esseulee. Ces
tui tresorguilleux esp
ris doncques se senti fe

ru de merueilleuse enuie
lors q̃ par iustice ordac-
turiere il se aperceu priue et deboute de la sin-
guliere dignite que tât
ardanment auoit desi-
ree et quil contynuel que
somme que la main
de dieu auoit fait et forme du limon de la ter-
re y estoit apelle et promeu

Comment en laffec-
tion des diables ny a q̃
deux pechies. cestassa-
uoir orgueil et enuie

Insi toute la per-
uasite et malice
de laffection et volente
des diables est en ces.ij.
pechies. Cestassauoir
en orgueil et enuie. car
il est impossible que en

desir de bien espirituel
auiengne pechie si non
par ces deux manieres
dessusdites. Et conme
lange le soit de nature
espirituele sans quelq̃
meslure de corporele co-
nuptio ou condition il
ne peut desirer fors bien
espirituel. Sy faut se
sa volente desuoie que
ce soit par orgueil et enuie lesquelz pechiez sont
telement joings ensem-
ble et connexez que le
mouuement dorgueil
est iseparablemet tous
iours aconpaigmie du
mouuemét denuie car
dune meisme racine
sourdent le desir dau-
cuy bien et le reboute-
ment de soy contraire.
En tant donques que

par orgueil pourfieut
defmefureemét fingu
liere excellence. Il
mefprife par enuie la
gloire dautrui comme
derogant a la fienne

Comment les dya
bles font coulpables de
tous noz pechez q noσ
faifons pour ce quilz en
font confentans et joy
eux et fi noσ y auifent
par temptacion

Et iafoitcéql ait
efté dit que toute
la peruerfite des ange
les eft contenue en ces
deux pechiez dorgueil et
denuie Si ne doit pas
touteffois eftre enten
du quilz foient purs z
innocens de tous au꞉

tres vices car quoy qͥlz
ne foient affectez et en
clins a autres pechiez
et vices fors a orgueil
et enuie. Neantmoins
ilz encourent la coulpe
de tous les autres et en
doiuent eftre demandez
comme reelement ilz
en foient confentans et
coulpables car ilz fe ef
tudiét et effozcent pre
cipiter les gés en iceulx
et en toute diligence la
bourent a les y faire
tumber z a ce les aguil
lóne inceffament leur
merueilleufe enuie qui
les fait efleeffer quant
ilz voient les gens pe꞉
chier et fe cótoir es dáp
nables auures diceulx
Ceftui doncques per꞉
uers efperit relen quis꞉

fant son createur et a
tout mal habandonne
pecha bñ tost apres sa
creation et ne voulut se a
rester en la voie de verite. Sy conceut gme dit
est . vne desmesuree
envie de la haultesse et
singuliere excellence de
lomme quil considera
estre par don divin esle-
ue par dessus toute na-
ture corporele du bas
monde et plainement
seignourir sur toutes
bestes et autres choses
aians vie et quil estoit
de dieu institue iuste et
droiturier et mis en la
main de son conseil ait
āt frace volente et plai
pouoir de faire ce ql lui
plairoit

La temptacion de
Adam quel fut son pe
chie et quele la paine

Le dyable donqs
voiant adam ou
tresdelictable lieu de paradis terrestre sapro-
cha de lui et mist tout
son effort et estude a le
verser il le envahi don
ques par temptacion
et lomme fut content
de y acquiescer si sen
trouua par terre et con-
me il creut le consal du
diable aussi le voult il
ymiter en son orgueil
car il desira comme a-
uoit fait son dit conseil
ster la samblance de la
diuine mageste. Com
me doncques qui tant
et si longuement quil
se fust maintenu en la

dzoiture ou il auoit es-
te institue eut peu esche-
uer mozt espirituele et
corpozele au pourchas
du diable son haineuy
il encourut necessite de
mozir de deuy mozs et
si rendi toute sa poste-
rite et ligmie a ce obli-
gie et serue . Ainsi
par lenuie du diable la
mozt vint au monde

Et en ce lensuiuent
ceulx qui tiennent son
parti

Lintencion de ceste
œuure

T combien q ces-
te matiere encom-
menchie ait pluiseurs
et difficiles questions
qui requerroient tres-
long et diffus traittie
se len voloit bien tout

espincier comme font
les parfons theologi-
es qui en ceste large fo-
rest se exercitent . tou-
teffois nous nauons
pas a present itencion
de traictier de ces sub-
tiles speculacions ne
donner auy esleuez en-
gins matiere dexercite
mais voulons en toute
haste labourer et pur-
gier du viel effect et corrumpu leuam : plain
de toute malice et voltir
per vng erreur mau-
uais q lenemi comun
tandis que les gés doz-
moiet a seme et espars
ou milieu du boy et pu-
ram frommet euuan-
gelique seme de nostre
sauueur jhesucrist .
Cest la tresmaudicte et

detestable secte qui sap
pelle des Vaudois q̃ au
pourchas du trescruel
et senglent ennemy du
gendre humain sest en
ces derremiers jours es
leuee et a present trespi
teusement a infectionn
ne grande partie de la
xpienneté q̃ tant sest es
pandue quelle a attaint
et infamement perchie
les derremeres mar-
ches de france qui seu-
le soloit estre sans cho
ses mõstrueuses q̃ sur
tous autres pays re-
luisoit en pureté de sai
te foy. Et desia hellas
a abuse les ames a en
suiuir pluisaurs detes
tables et fausses illusi
ons diaboliques. Et
certes ceste horrible in
fection doit bien estre re
putee pour vne trespi-
toiable mort q̃ en ces
derremiers jours sest
fouree ou monde et y a
prins entree par lenuie
du diable. Lequel ceulx
qui sont ses aliez, cest
adire ceulx qui sont de
ceste abhominable sec
te lensuiuent. Et com
me roy et price de tous
les orgueilleux aorent
reuerent et cultiuent de
dampnables sacrifi-
ces. En cestui misera
ble temps doncques le
dieu du siecle qui sen-
tent le diable a a psent
telement aueugle les
pensees de ces pestilen-
cieuses gens quilz ont
nye la verite du vray
dieu en mauuaises pē-

sees ⁊ mẽſonges ⁊ choi
ſi ſeruir et aourer la
creature en lieu du crea
teur qui eſt perpetuele
ment loe et beny en tos
les ſiecles. Et pour
ceſte enorme faulte di
eu les a permis laſair
la brix a toute honte
villaine. Et ſe viou-
trer et enueloper en au-
ures treſabhomina-
bles cõme es horribles
et execrables pechiez cõ
tre nature. Auſſi̇t
nõmer la bouche ſem-
ble eſtre ſouillie ⁊ lair
tachie et polu, ſi en re-
choiuent par vengance
diuine en eulx meſmes
le guerredon et loper a
leur erreur deu villai-
nement auieutis et en
fangiez de treſpuante

punaiſie. Et pour
ce que briefte bien ordõ
nee enſeigne et plaiſt
plus que prolixite. Ie
mefforceray de reſtrai
dre mon euure en cer-
taines briefues limi-
tes et ay intenciõ en ceſ
te matiere conceue dire
principalement deulx
choſes

La diuiſion de ceſte
euure en deux parties

Remier ie labou
ray de deſcouurir
la grandeur et treſexe-
crable malice de ceſtui
crieſme en le deteſtant
nõ pas tant q̃ la grief
te du cas bien reqrroit
mais autant que mon
petit engin porra ſouf
frir, et ſe a la conſolati

oy des bons et deuoz au-
tres pour aussi les ga-
rantir et salutaire mēt
preseruer de ces mau-
dites diableries. Se
condement ie declaire-
ray la maniere possi-
ble et vray samblable
comment par le subtil
engin du diable sont
faittes et procurees les
choses quelon afferme
auenir par les detesta
bles suppos de ceste vi
le et tresinfame secte.

Est assauoir se ces
merueilles quilz dient
auoir veu oy ou fait
sont fondees en aucune
verite et se elles se font
reelement ou se ce aui
ent par seule illusion
et opression de fantasie
et que le diable par son

malice abuse ainsi les
pēsees diceulx vaudois
que ce quilz voient con
me en ymagination
ilz le cuident veoir a la
verite pensans estre ain
si de fait et sarrestent
es ymages et semblā-
ces des choses comme
es vraies choses

Comment le pechie
de vauderie est pieur q
lidolatrie des paiens

Our cecy cestui cri
me est tout nou-
uel ne jamais fut oy le
pareil et ose bien affer
mer q ce pechie de vaud
rie est pieur et plus exe
crable que tog les detes
tables erreurs des pay
ens q lon treuue auoir

esté de la gstitucion du
monde iusques a pnt
et ce prouueray ie par
deux moiens. Pre-
mier par la grandeur
du criesme en soy et la
merueilleuse habondan
ce de sa mauuaistie.

Secondement par le
tres dangereux esclan-
dre qui en est apparant
sourdre se promptement
ny est prouueu en teps
vraiement cestui criesme
est souuerainemet
mauuais que prent son
commencement en a-
postasie et mespris de
la religion crestienne.

Car comme dit le
saige le commencemet
de tout orgueil en hom
me est deuenir apostat
de dieu et sestrangier de
lui en le mesprisant et
condempnant. Se cest
te apostasie doncques
est le commencement
dorgueil il faut quelle
soit aussi le commece-
ment de toute malice
generalement car con
me le dessusdit saige a
ferme orgueil est le con
mencement de tout pe
chie or est rigle notoire
entre les saiges que les
principes et commence
mes en toutes choses
sont de treignaur ver-
tu que tout le surplus
ja soit ce quilz soiet la
mendre partie en quan
tite. Et comme en apos-
tasie de dieu soient dy-
uers degrez et plusieurs
manieres par lesqlles
elle puet auenir. ceste

detestable secte des vau
dois attaint au premier
et souuerain degre. car
comme tous cristiens
en la profession du saint
baptesme aient promis
et solempnelement iu:
re croire seruir et aorer
vng seul dieu et nostre
sauueur ihesucrist.

Ces descristiennez et
maudis vaudois par v
ne incredible temerite
et incredulite temeraire
loublient mesprisent g:
tempnent et labandon
nent et auec ce intolle
rable presumption. ilz
diffament prophanet
et en tant que en eulx
est souuent tacent et
polluent les tresuenera
bles et salutaires sa:
cremens de nostre mere
saincte eglise et mais:
me du tressaint et diuin
sacrement de lautel q
est la precieuse ramen
brance de la benoite pas:
sion et ou est contenue
toute nostre redempti:
on et salut. ilz abusent
en leurs tresabhomina
bles supersticios et tres
infames et tresuilz sa:
crifices len ne pourroit
certes racoter sans fre
eur de coraige en quelle
fraude ces tresperuers
superstiacieux soubz la
couuerture dipocrisie et
saincte de la profession
cristienne viennent a:
uec les autres bons cris
tiens a la saincte com
mumonyes iours or:
donnez de lesglise et com
ment en tresmauuaise

et orde conscience et tref
horrible voulente, ilz se
ofrent esuertgudremet
a receuoir ce treshault
et digne sacrement. len
a sceu par leur propre
confession faire en pu-
blique iugemet moult
de treseyecrables cries:
mes qilz perpetroient
tant par abuser de ces-
tui diuin sacrement q
me autremet. Et par
tie de ces treshorribles
malefices est contee en
la lettre du latin de ce
present traittie, mais
nous surceons de parti
culieremet mettre ces
choses en fracois doub-
tans que aucunes sim
ples gens en qui mam
cest auure porra venir
ny prisent par la sugges

cion du malin esperit
occasion de ruyne, pour
suiuos doncques le sur
plus de la lettre, disos
que ces gens perdus et
desloyaux apostas sas
quelque vertgoingne ha
bandonnent la saincte
religion cristienne. Et
font du peruers angele
leur dieu z en tog leurs
affaires linuoquent en
aide se obligtans a tous
iours lui exhiber hon
neur et reuerence

Les causes qui mou
rent les anciens a ydo
latrie

T comme dit lef
cripture, ilz font
action a enfer et alian-
ce a la mort hellas et
fut il jamais plus ex

ccrable plg abhomina-
ble ou plus detestable
secte nestoit lidolatrie
des siecles precedes plus
a pardonner par laquel
le comme conte le liure
de sapience les homes
plais de vanite desprou
ueus de saincte doctrine
et congnoissace de dieu
ne sceurent entendre et
ne voudrent recongnois
tre le createur et non p
nans assez garde aux
euures quilz veoiet de
mourerent en desconq-
noissance du souuerai
ouurier dont elles ve-
noient. Sy cuiderent
les aucuns que le feu
gouuernast tout le mo
de et le tindrent pour di
eu. Aultres de lair fi-
rent leur dieu aultres
du vent. Autres de la
mer, autres des estoil-
les, autres du soleil, et
autres de la lune leur
dieu firent, leur sacrifi
ans come au seigneur
et general gouuerneur
du monde. Aucuns
aussi autres plus des-
uoians et autres en er-
reur plus parfont se
plongans reputerent
les euures de la main
des hommes estre dieu
comme or ou argent ar
tificielement ouure ou
ymages de bestes ou ql
que pierre inutile fa-
chonnee et taillie dau-
cun ancien ouurier.
Pareillement se au-
cun charpentier aiant
en la forest cope du bois
bien droit et a linigne le

peloit gentement et en
ostoit lescorche, puis v
sant de son art en fai-
soit quelque belle lan-
ce ou autre baston pour
soy deffendre et garan-
tir sa vie, et du demou-
rãt de cest euure de bois
tournoit aucun beau
vaisseau ou plat y don
ne a appointier sa vian
de. Et lautre bois cour
be et neutilleux qui ri-
ens ne seruoit, il les bo
choit et au creup lentre
tailloit, et par son art
ingemeup il lui bailloit
sa figure et semblance
dhomme ou de beste, le
oingnant de vermillõ
et lui baillant couleur
resamblant a homme
et par quelque paintu-
re ostoit toutes les ta

ches qui parauant y es
toient puis lui faisoit
logis en la paroit ou il
lasseoit et atachoit de
fer affin quil ne cheist
sachant quil ne se peut
aidier et q ce nest fors
vne pmatge de lui ou-
uree, et neantmoins il
portoit a pres a ceste
soy euure tãt donneur
quil lui commãdoit sa
cheuãce, et se enqueroit
a lui de ses enfans et de
sa femme et pour leur
bonne sante et estat sen
venoit a lui. Et ne se
vergoingnoit le poure
fol de parler a celui q
est sans ame. Ainsi
doncqs pour auoir san
te il faisoit peres a cellui qui nestoit en riens
haitie suplioit o mort

que bonne vie lui don-
nast requeroit laide de
cellui qui ne le pooit aidier prioit quen son che-
min il fust adrescie et
guide de cellui qui aler
ne pouoit et jamais ne
fut en chemin et en fai-
sant aquest en ouurat
et en toutes ses besoig-
nes il demandoit lassis-
tence et confort de celui
qui en tout estoit jnu-
tile mais ie marreste
icy trop. Pour cer-
tam toutes ces mani-
eres de gens furent abu-
sez de tres dampnable
erreur que leur vaine
folie controuua et pour
tant en brief ledit er-
reur prist fin. Mais
touteffois leur faulte
fut trop plus tollera-

ble que celle de ces nou
uelles gens. Car ces
dessusdis anciens pdo-
latres furent jnclinez
a exhiber honneur dy-
uin a creature par quel
que cause dont vn petit
se pooit coulourer leur
excusacion comme au
cuns furent a ce meus
par amour desmesuree
et affection superfluee
quilz auoient a leurs
amis ainsi que le fai-
cte conte que vng pere
faisant merueilleux du
eil de ce q la mort lui
auoit si tost raui son
filz fist pour sa consola
cion limatge de son dit
filz et pour lonneur de
lui aima tant et chieri
ceste ymatge quil la vo
lut aourer comme di-

eu .Sy fist son dieu de
limaige de cellui qui lui
estoit mort comme hõ
me· Ainsi seruant et
obeissant a sa tendre af
fection iposa aux pier
res et bois le nom incõ
municable de diuim te

A ceste folie aussi
furent aucuns attrais
par le plaisir que natu
relement comme prẽt
en parfaite representa
cion car aucunes rudes
et simples gens voyãs
ymaiges tant bien fait
tes que au vif represe:
toient la personne, pri
drent occasion de croire
que es ymaiges de telle
excellence pouoit estre ql
que nature de diuimte

Et aucuns autres
a ce inclina la beaute sin

guliere et haulte maies
te des ouuriers diuins
ceulx sont plus dignes
de pardon, car comme
ilz fichass et ceul de leur
consideracion ẽtentiue
es merueilleuses hautes
ses dicelles oeures dõt
le souuerain ouurier
leur estoit incontinẽu
ilz furent meus a les a
uoir en grant amiraci
onet non pensans assez
parfondement a ce fu:
rent attrais a leur por
ter honneur diuin

Declaration parti:
culiere comment le pe:
chie de bauderie est plg
grief que le pechie didos
latrie

Mais ces traistres
baudois que ma

plume perfecute a pre-
fent ne font pas trebu-
chiez en cefte fourfene-
rie par aueuglemet de
tenebreufe ignozance
par fragilite de plai-
fir humain par oxces
de tedre et douce amour
Ains fi font plongiez
de leur volente par vne
ahurtee obftinacio der
reur voians et fachans
quilz faifoient. Et fe
rebellans contre la di-
uine lumiere de fainte
foy ozdit adieu en leur
cuer comme job. Cote
de telles manieres de
gens pars toi et teftoi-
ge de nous. nous ne vo-
lons auoir la congnoif-
fance de tes voies. Ces
maudites gens donqs
comme ilz euffent veu

les inuifibles mifteres
de dieu par la clarete de
fainte foi catholiq dot
par auant eftoient pa-
rez. et la haute vertu et
eternele dicte du crea-
teur auffi et contjneu no
pas feulement par les
creatures vifibles com
me faifoient les paiës
mais auffi par fains
prophetes et par la loy
euuangelique z celle de
moyfe par la predica-
cion de noftre fauueur
jhefucrift et de fes glo-
rieux apoftres. Ces de
teftables gens dy ie par
tant de moies jnftruis
des haulz fecrez et fais
mifteres du benoit cre-
ateur comme bien ilz
congneuffent dieu ne
font pas toutefois glo

rifie comme dieu et ne
lui ont rendu graces
et loenges. mais se sont
esuanouis et esgarez en
leurs pensees et leur fol
cuer se st en eulx obscur
ci. et par iuste vengan:
ce sont telement haban
donnez et reprouuez du
hault iuge. ilz ne sont
pas content seulement
de retenir les precieux
et tresloyaux comman
demens de dieu qui sont
eternelement gfermez
et fais en toute verite e
quite et iustice. Mais
aussi seslieuent orgueil
leusement alencontre
du souueram seigneur
et font leur conueticles
a assamblees pour con
spirer contre la souue:
rainete du price de tout

le monde et machiner g
tre la sacree maieste de
dieu et nostre sauueur
jhesucrist et en mout de
manieres jniurient cel
lui qui brille sur la ter
re et la fait a son plai:
sir trembler. Et par
les espouentables mau:
uaisties que en iceulx
leurs abhominables
bouticles contreuuent
prouoquent celluya cou
roux qui par sa haulte
puissace toutes les mo
taignes et en fait sail:
lir le feu et la fumiere
euurent aussi leur bou
che sacrilege a mesdire
de la diuine maieste et
auec ce ilz font souue:
ram honneur a celluy
qui est ennemy et hay:
neux de dieu. Et qui

par presumptueuse ar
rogance seslieue contre
le createur et tiennent
celluy pour leur dieu q̃
souuerainement com
me bien sceuent bapt
le salut et gloire des hõ
mes luy sacrifiēt leurs
filz et filles et a la fois
espandent le sang des
innocens pour parfur
mr leurs maudis sa
crifices. Effacent aus
si de leur front le saint
finacle de thau dõt par
le lapocalipse et se glo
riffient estre marquiez
de lenseigne et carracte
re de la beste. cest adire
du diable denfer affin
que plus francement
et en plus de lieux puis
sent vacquier aux tref
dampnez execrables de
leur superstitieuse sec
te et semployer es ab
hominables malefi
ces de leur ifame et tref
execrable profession, il
appert doncques assez
q̃ le aisme des vaudois
est sans gparison plus
grief que le pechie ydo
latrie des paiens

Comment le pechie de vauderie est plg grief que le pechie de heresie

R voyons mai
tenant se les pri
ces et controuueurs des
renommeez et grãs he
resies comme arrius
Maniceus Pelagius
faustus et semblables
Et avait la peruersite de
ces maleureux gens et

se les dampnables he
resies qui jadis peruer
tirent toute la religió
daise le gpnt enuairent
aussi partie occidét fu
rent a acomparer a cel
te nouuelle introducti
on et mauuaistie par a
uant noy ope . Et cer
tes vray est que ces he
reses par obstinacion
fermee mirent sus er
reurs contraires et re
pugnantes a la vraye
foy catholique et les pu
blierent et espandirent
par tout ou ilz peurét
sefforcans les deffédre
a leurs pouoirs mais
ilz nesleuerent pas si
hault les cornes cóme
ont fait ces gens. Car
jceulx hereses ne jmpu
gnerent point apensee

ment la verite cógnue
Et ne la foulerent vo
lontairement a leur
essnient · Ains par
vne faicte deuocion voul
drent sauoure et attai
dre plus hault que ne
deuoient et trop presu
mas de leur sauoir se
auanceret de presump
tueusement cerchier et
enquerir la souueraine
maieste . Sy furent o
pressez de la haultesse
de gloire et dampnable
ment fouruoierent du
sentier de verite . Mais
ilz ne cógnoissoiét pas
touteffois quilz erroy
ét comme font ces gés

Les hereses peruer
tirent arrogamment
les enseignemés de la
saincte doctrine euuan

gelique .mais noy sa-
chans ilz le faisoient
Et ces gens de propos
apense contempnent et
mesprisent les comma-
demens de dieu et le sou
uerain commandeur .

Les hereses honnou
roient le createur au-
mois de la bouche quoy
que leur cuer fust fort
esloingie dicellui .

Mais ce peuple pestil-
ceux renoye dieu par
œuures et de la bouche le
blaspheme . Les he-
reses ne pensoient auoir
quelque communicaci
on ou accointance aux
dyables et detestables
esperis . Mais ces gens
y ont familiere et tres-
priuee compaigne et per-
petuelle aliance. Les he

reses furent abuses et
seduis par entendemet
pertinax .Mais ces
gens sont a ce meuz et
rauis par obstinee ma
lice et peruersite diabo-
lyque

Comment le pechie de
vauderie est plus grief
q le pechie des macho-
metistes

Et apres que di-
ray je de la detes-
table secte des macho-
metistes dont fut auc-
teur et controuueur le
tresinfame mahomet
la quelle par tres secret
jugement de dieu a este
permise passe six .C.
ans enca occuper piteu
sement les tres riches e
puissans royammes
dorient comme prese.li

bie · egipte · Arabie et
pluseurs autres et les
tient hellas subgetz a
dampnacion eternele
Et vraiement la folie
diceulx machometistes
est bien vile et deshon-
neste et doit estre mieulx
appellee faulte brutal q̃
vice humaine . Mais
touteffois iose bien af-
fermer que le contagi-
eulx et pestilencieulx te-
mi des vaudois est py-
eur de trop et plus dan-
gereulx et plai de plus
grande foursenerie .
Car la secte des sarra-
zins mesprise le precie-
ulx mistere de lincar-
nacion diuine et de la
saincte croix . Et par
la mauuaise fraude de
leur loy contenue ou li-

ure quilz appellent al
choram et les detesta-
bles erreurs qui y sont
ilz peruertissent les sainctes escriptures de lan-
cien et nouuel testamēt
qui afferment ce souue-
rain roy de dieu auoir
este baillie pour la rede-
cion du gendre humain
touteffois ceste secte
garde la verite de culti-
uement et adoracion di-
uine · et de ceste les peuples et ne sacrifie fors a
dieu et non point a crea
ture . Mais les vau-
dois par sacrilege pre-
sumption tollent et os-
tent a la saincte diuine
et glorieuse humanite
de nostre sauueur jhesu
crist le hault honneur
de adoracion qui lui est

deu et a quoy ilz se sont
obligies et astrais par
profession solempnele
faicte ou saint baptesme
et exhibent ceste reueren
ce au malin esperit esle
uant sus aul p le prince
des pecheurs et metans
comme dit lescripture
a leurs coeptres le dia
bles. Les sarazins
oppressez de longues te
nebres derreur ne tien
nent conte des salutai
res beneficeis q la vertu
diuine fait en secret au
genre humain soubz
la mysterieuse couuer
ture des venerables sa
cremens de leglise et di
ceulx sains sacremens
nefont quelque estime
comme ilz ne sachent ri
ens de la diuine vertu

et nont esperace du loy
er de iustice ne congnoi
sance de lonneur eterne
lement reserue aux sai
ctes ames. Mais les
vaudois contempnent
et mesprisent tous ces
precieux sacremens es
quelz ilz ont este nouris
et les applicquent a tres
detestables vsages. et
mesmes le tressaint sa
crement de lautel ouql
le pris de nostre redem
cion est figure et ramen
bre est aussi reelement
et a la verite contenu.
Ilz ne ressoignent tou
chier de leurs execra
bles mais et en abusent
tres detestablement.
Et vrayemet le pechie
q les vaudois commet
tet en touchant au sait

sacrement de lautel est
comparison plus grief
et plus enorme que cel
lui que commirent en
lancien testament au-
cuns touchans prreue
ramment aux choses
sainctes de la loy ancie
ne et de tat exce de cestui
crisme lautre que le sa-
crement de lautel ouql
est vraiement contenu
nostre sauueur Jhesu
crist surmonte en sainc
tete les sacremens et
vaisseaux de lanciente
tament qui nestoient
que signe figuratif de
la sainctete et espiritu
ele grace de la loy nou-
uelle et toutefois ceux
qui ainsi mesprindrent
du teps de la loy de moi
se furent hastiuement

punizmis et prospement
sentirent la fureur du
grant iuge. Comme
oza fut incontinent fe-
ru de la mort pour quil
auoit touchie la saincte
arche comme aussi bal
tasar roy de caldee qui
presuma auec ceulx de
son hostel boire du vin
es vaisseaux dor et dar
gent consacrez et dediez
au sainct temple et de
ce louoit et glorifioit
ses dieux dor dargent
darain de fer de bos et
de pierre pour leql mes
fait ledit roy en la mes
me nuit fut tue et occis
et son royaume trans-
fere aux medois.
Pareillement le juif
qui au commandemet
du tresfelon roy anthio

cus sacrifioit aux ydo
les publiquement et en
la veue de tout le peuple
fut puǵnp sur le chāp
du tresnoble prince de
la loy nomme matha
tie qui enflambe de bon
ne et deuote ialousie ql
auoit a la saicte loy sail
li en place et le tua sus
son sacrifice et destruisi
auffi ledit ydole.
Et oultre les paiens
se comoiffās desmesu
reemēt en voluptez laif
chent le fraim a toute
luxure. Neantmoins
ilz ne se souillent point
des trespuans et execra
bles vices deffendus de
nature. Mais les vau
dois sont si enfangies
de villaines pensees et
tant villement polus

en toutes leurs œuures
et en tele maniere sont
ars bruis et corrumpg
de detestables desirs ql
nest abhominable oz
dure ou fait de la char
qui ne leur plaise et a
gree en tāt quilz ne ref
soingnent auoir com
paignie charnele au di
able trāsforme en figu
re de beste. Ce que cuer
humai ne puet certes
penser sans abhomina
cion et horreur et a pay
ne sueffre honnesteté
le dire. Au surplg
la mauuaise generaci
on des paiens ja soit ce
quelle ignore la sainte
voie de salutaire iusti
ce comme elle soit par
ses demerites fraude
et priuee de la lumiere

euuangelique si garde
elle touteffois aucune
honnesteté morele. et
deffent punist et exter-
mine tous vices q fort
blessent la chose publi
que, comme parricidez
murdres homicides a
dulteres et seblables
pechies, par lesquelles
la communication hu
maine est fort greuee
et troublee. Mais ces
te enuenimee gent, ces
te trescruele ligmie de vi
peres loe et si apreuue
tog les dessus dis execra
bles maulx et a son po
oir les acomplit, aiant
en plus grande recom-
mendacion, ceulx qui
plus horriblement se
souilleet en ces mauuais
et abhominables fais

Et mesmes affin que
plus qplaisent a leur
maistre roy eprince de
toute peruerse malice
ilz se offrent voluntai
rement a perpetrer ces
crismes. Et ny sont
meus par espoir dacq-
rir aucun prouffit destre
re ne par quelque passi
on et mouuement den
uie ire ou haine, mais
se ingeret a tog maulx
pour faire seulement
plaisir au pere des tene
bres, car point ne igno
rent quil se veult pais-
tre de telles viades. cul
tiuer de teles sacrifices
et honorer de telz hom-
mages seruices et pea-
ges. Ilz sefforcent
donques a la fois tem-
pester brouillas la be-

auté plantureuse des
bleds et les bruir et for
sechier a la fois conten
dent fordrier la tresa:
greable fertilite et ba;
bondance des vignes .
Autrefois labourent
faire mozir cheuaulx
bistes a corne blances
bistes et semblable bes
tail qui est garant de
la cheuance des ges ou
aumoins a leurs pou:
oirs leur procurét des
langoureuses maladi
es . Aucunefois pour
chassent la mozt den:
fans et de gens eagies
Et autrefois effraent
les villes et les champs
de soubdaines graillez
et esclitrez non prcueus

A la fois aussi font
toute diligence de faire

venir au monde pestile
ces destructions de peu
ple guerres et gmotiós
Et en telz et sembla
bles malefices ilz exer
citent tog leurs engis
Et a autres choses na
pliquent leur estude et
nest crriesme tant soit
grief quilz craingnent
empredre. Mais quilz
pensent ce pouoir auai
nemét seruir a leur tres
dampnable profession
par laquele ilz desiret
souuerainement com:
plaire au mali esprit

Et pour certain ce
nest riens de merueille
se ceste mauuaise et a
dulterine nation se plo
ge en ce gouffre et abis
me de maulx car cóme
ilz se seoient par apos:

tasie estranges et du
tout alienne de dieu e
par irreuerence e ashur
tee volente aient rom:
pu les liens de la bonne
et douce prison du tres
misericors et benings iu
ge aient aussi froissie
le soif bourreau de la
trespure et non soullie
loy de dieu par laquele
les ames sont conuerti
es et les esperis purgi
es comme ilz se soient
de tous poins dis ie e:
mancipez et mis hors
de la subiection du pri
ce souueraim et de corai
ge obstine aient dit en
eulx mesmes je ne ser
uiray plus. Il fault
quilz se precipitent en
toz malefices et a toz
pechies se habandonnet

et que leur peruerse vo
lente non conduicte du
fram de raison soit sub
cumbee et cheue ou plz
parfont des maulx.
Bien est descript cer
tes du sage vn homme
apostat ou il dit quil
est homme jnutile et
marche portant bouche
mauuaise acorde de lu
eil parle du doy haue
du pie de ceur peruers
machinera tousiours
mal et en tous temps
semme discordes car
puis que la reuerence
de dieu est par aposta:
sie estainte en vn mau
uais cuer riens ny de
meure qui puist estre
en aucune maniere pro
fitable a salut et puis
que la racine de toute

iustice est ostee. force
est que tous les mou-
uemens q̃ sont en hom
me tant du corage com
me du corps soient en
trouble confusion et def
roy, et q̃ lomme se four
uoye en son chemin faut
aussi que du cuer et de
la bouce partent villai
nes pensees et autres
ordures souillãs com
me. comme homicides
adulteres formicatiõs
larrechĩs faux tesmoi
gnages et blasphemes
et que les pies de la per
sonne courent a mal et
se hastent de espandre
sang humaĩ. Le sa
ge escores descript plus
particulierement en au
tre pas la detestable et
tresmauuaise vie de ces

te gent apostase par-
lant en ceste maniere.
Il ne leur souffist pas
dist il errer contre la sci
ence de dieu. Mais vi-
uans en la grant guer
re dignorãce et derreur
appellent paix tant de
gñs et horribles maulx
Et declaire en particu-
lier les pechies quilz cõ
mettent disant

Cy declaire en parti
culier les detestables pe
chies des vauldois

Ez sacrifiẽt leurs
enfans aux ydo-
les, ou font autres ab-
hominables sacrifices
leurs veilles de nuit sõt
plaines de toute four-
senerie et si ne gardent
leur vefuete ne leur ma

riatge fans villaine ta
che . Mais ou itz tuent
luy lautre par enue, ou
troublent et couroucēt
par adultere et meslēt
ēfemble toutes les cho
fes q̄ fe enfuiuent fang
efpandu par homicide
larrechin faincte cor-
ruptiō oc floyaute trou
ble pariurement . tu-
multueufe confufion
oes biens oe dieu nulle
ramēbrance oes ames
fouillure oc naiffance
jnconftance oe maria
ge oforoonnee et trefoef
riglee luxure . Le cul
tiuement certes oes oe-
teftables ydoles eft cau
fe commencemēt et fin
oe tout mal . car les y
oolatres ou enleurs joi
uifes feftes fourfennēt

ou prophetifent mau
uaifes bourdes, ou vi-
uent iniuftemēt . ou le
gierement fe pariurēt
Pour vrayfe lēy veut
confioerer les fais oes
infames vaudois on a
perceuera cleremēt qlz
commettent tous les
cas oeffus touchies, et
ce que tant fongneufe-
ment itz imittent et en
fiuuent le malin efpe-
rit en fes euures oeclai
re plainement qlz font
oes plus familliers et
principaux feruiteurs
ou diable . par q̄ enuie
la mort a prins fon en
tree ou monoe . Et
veritablement bien eft
le diable appelle oe job
behemoth ouquel nof-
tre feignaur parle a ice

lui job du tourbillon
comme descript lescrip
ture. Et lui dist que
sa force est en ses grains
et sa vertu en lumbilic
de son ventre. Cestui
ancien serpent dit behe
moth se tort comme
contre lescripture ou se
cret requoy des roseaulx
Cest adire en la pensee
deceue et abusee de vai
ne superstition qui est
vuide et desgarnie de
grace et iustice comme
vn roseau, et se repose
es lieux moistes des cu
ers remplis et nageans
en la vapeur dordure
charnele. Et lombre
des roseaulx muche et
deffent son vmbre, cest
adire que la multipli
cation et infinite des

maulx diceux vauldois
renforce aucunemēt et
redouble lobstinee ma
lice du diable q les mai
ne a perdicion. Et les
faulx vers du ruisseau
lauuronnent, cest adi
re que ces gens fourse
nez plantez et colloqui
ez ou ruisseau de tou
tes delices, arrousez de
la douce eaue, de la sain
te foy catholique sont
contens dacquiescer et
obeir a ses detestables
commandemens q tres
peruerses momiaos et
sefforcent de chastoier
du plus pres quilz peu
ent la mauuaise volen
te dicellui, car ilz sont
tousiours apareilliez
et prets de lacomplir.

Ledit behemoth en

gloutira le fleuue .cest
assauoir ceste gent in
stable et muable . et ce
ne sera point mis en cō
te .car cest sa propre or
dinaire .Et si a fiance
que le fleuue de jordan
doiue descendre & Venir
en sa gueule .cest adire
quil espoire le surplus
de cristiente par sembla
ble ou autre temptaci
on tirer en enfer auec
les tresmaudis Vau-
dois . Pour certam
toute espace de temps
me seroit trop brieue &
ma force de parler ane
antiroit .se ie Voloie au
tant multiplier lan-
gaige que la matiere
bien requerroit . Ai
ant doncques regart a
loportunite du temps

et a moy aise ie surser
ray de moy plus eslar
gir et espandre en ceste
matiere & metteray fin
a ceste premiere raison
recueillant en somme
ce q a este dit par parti
es

Le sommaire de la
premiere raison

Qui considere dont
le demene de ce pro
pos il contgnoist au cler
q la secte des Vaudois
est la pire et la plg ha-
bondant et plentureu-
se en malice q toutes
celles dont jamais il
fu mension .car elle sef
longte plus loing du cre
ateur plus parfont en
trant en la region de di
similitude comme dit
lescripture .Et si fait

plus priuee aliãce au
prince de tenebres par
quoy plus mesprise di
eu et les sais sacremẽs
et plus les iniurie.
Au surplus elle sem
ploye en plus de manie
res de maleficers et en
plus horribles et abho
mnables crismes soc
carpe et vioulte. Ainsi
appert clerement quil
nest plus grief malice
que celle des vaudois, et
quelle surmonte com
me dient les theologi
ens intensiuement et
eptensiuement toutes
autres, et en ce est ache
uee la premiere raison

La seconde raison par
le de lesclã de des maux
qui auiendroient de la

côtinuaciõ de ceste sec
te de vauderie et mons
tre ẽtre les autres cho
ses se ceste secte conti
nuoit que antecrist par
elle vendroit au monde

La seconde raison
seruant aussi a
monstrer ce que dit est
prinse de la grandeur
de lesclande que par ces
te secte sefforce procu
rer le diable auersaire
du salut humain qui
comme vn lion bruiãt
cerche tousiours qui il
pourra deuorer et eter
nelement engloutir, et
prent ceste raison pour
argument se le herese
arrius qui nestoit que
vne seule estincelle en a
lexandrie fist voler la

flamme de son erreur
par tout le monde com
me dit saint Iherom
me et brula presqs tou
te cristiéneté du feu de
heresie par ce quil ne
fut point promptemét
estaint et opresse. Que
pourra len doncqs pen-
ser de cestui tresaspre et
euenime feu de baude
rie. Quez ardans bra
dons de malice alume
ront la saincte cristien
te se ceste flamme in-
fernale et la foursene-
rie de ce feu nest estain
te de leaue viue de salu
taire sapience. et se du
trenchant glaiue de la
parole euuangelique et
du flaieau daigre ben
gance et vigoreuse ius-
tice elle nest exterminee
et aneantie. Veritable-
ment se ce ne se fait les
faulx prophetes com-
me dit lescripture se
serront effrontement
en la chaire de pestilen
ce et peruertiront les
sentences et la saicte es
cripture et a leurs mau
uais sens appliquerot
desconuenables tesmoi
gnages et en hardie con
fiance diront tous les
maulx du monde con
tre la verite. presente-
ront aux gens les cele
es et larrechineuses e-
aues de mauuaise here
sie qui semblerot a au
cunes bonnes pour ce q
elles sont nouuelles.
Offerront aussi a mé
gier francemét et sans
pugnicion le pain mu

chie de rebellion schisma
tique que aucuns pareil
lement iugeront plus
doulx que le pain acous
tume de saincte obeissan
ce. Ilz bailleront plai
ne et franche entree a tou
tes erreurs, et donneront
hardement a perpetrer
tous crismes et malefi
ces par ce comme dit les
cripture quilz mouille
ront et oindront la pa
roy sans mesure at
trempee, et couderont o
reilliers soubz la teste
des escouteurs parlans
a leur appetit. leur di
sans des saintes agre
ables et deuineaux des
bourdes et mensonges
quilz sauront leur es
tre plaisans. A per
sonne ne sera deffendu
aler ou consistore des
mauuais et suiuir le c
seil diceux. Il sera
a chascun loisible sar
rester en la voye des pe
cheurs et faire assem
blees a lencontre de di
eu nostre sauueur ihesu
crist. La sinagogue de
sathan sera aplain ou
uerte et close leglise des
sains. En ceste assem
blee presidera comme
dit lapocalipse la beste
a sept testes et dix cor
nes, laquele ouuerra la
gueule a blasphemer
dieu et sera la guerre
aux sains et les uainc
ra et surmontera, et a
ura puissance sur tou
tes nations peuples et
ges de quelque langue
quilz soient, et laoures

ront tog les habitans
de la terre desquelz les
noms ne font escrips
ou liure de vie du saint
aigneau qui a este tue
et occis des la naissan
ce et gstituciondu mon
de. Cest adire que celui
aigneau sans tache des
le commencement du
monde a este preueu de
uoir morir pour racke
ter humain lignatge.
Vraiement il ne sera
lors aucune discipline
de murs. obseruance
des loix, ordre de iustice
humanite de vie, pro-
tection et deffense de la
chose publique. ne crai
te et reuerence de dieu
tout sera en confusion
et desroy, chascun mau
uais chascun peruers
viuera a son apetit les
mauuais vsurperont
les seignouries et gou
uernemens, et le sainct
et humble peuple gemi
ra et mendiera en deso
lacion. Et certes com
me le roy des tenebres
sesioisse en oyant men-
songes il ne auera que
seruiteurs peruers a es
lite, lors guerres mur-
dres debatz, seditios for
senneront es royaumes
es citez et es champs.
Les gens sentretueront
et cherront mors lun
sur lautre. Amis et
prochains se ferot mal
les enfans sesleueront
contre les anciens et sa
ges gens, et les villais
entreprendront sur les
nobles, on ne verra par

my les citez que expta-
ble mauuaistie rebelli-
ons contredis jnmiqui-
te et malice auuironne-
ront de jour et de nuit
les murailles des vil-
les et citez angoisseuse
paine et labeur auec jn-
iustice seront tousiours
ou milieu des citez et ia-
mais ny fauldront vsu-
res et fraudes ley y fe-
ra et commettra effron-
tement violacions de
pucelles pollucions de
parentez et detestables
adulteres et tout sera
plain de tresepcuables
luxures partout se e-
diffieront bordeaulx pu-
bliques et comme dit
lescripture A chascun
chief de voye et a chas-
cun bout de chemin sera

ms aucun signe de des-
honnestete et seslevera
vne formacion tant hor-
rible q jamais ne fust
oye la pareille Et
labhominable jnmiqui-
te de sodome sera com-
me justifiee en compa-
rison de ceste ordure car
comme conte lescriptu-
re liniquite de sodome
estoit orgueil excessi-
ue habondance de pain
et de tous biens et se
sauler et remplir oul-
tre mesure opsiuete dl
le et de ses fillettes.
Et si ne secourroient
a la necessite des poures
et souffraiteux et nes-
tendoient la main a les
aidier et conforter. Et
vraiement toutes les
faultes icy contez sont

moindres et plus tolle
rables que tous les tres
execrables crimes aus
quelz vaque ceste mau
dicte gent vauldoise.
¶Pour certain doncques
les generations sesle-
ueront desquelles par
le le sage en ses prouer
bes disant quelles sont
terriblemet a craindre
et est la generation qui
maudit son pere. Cest
assauoir le pere celesti
en, et qui ne veult benir
sa mere, cest adire leglı
se, qui par le sainct la
uement de regeneratió
espirituele enfante les
filz de adoption la gene
ration aussi qui se iuge
pure et nette, lors quel
le afferme mal estre
bie et que tenebres sont

lumiere. Et toutesfois
conme dit icelluy sage
ceste generation na poit
les piez lauez. cest adi
re que ses affections et
desirs sont souilliés de
toute abhominable or
dure. Item sesleue
ra conme dit le sage la
generation qui a les y
aulx esleuez et les pau
pieres drechies en haut
.Pourquoy est a enten
dre que ceste generation
est a merueilles orguil
leuse et sans quelque so
bresse desperit sent et sa
ueure esleuement et en
toute arrogance, sesle
uera aussi comme dit
icelluy la generation q
a rudes dés vse de glai
ues et a aguise ses ma
choires pour mengier

les difetteux de la terre
et les poures gens deuo
rer. Auec ceste mau
dite generation vendra
aussi en place la redoub
table compaignie des
gens mauuais que la
postre a predit deuoir
regner es derrais iours
et aussi ceulx qui relen
quiront la foy et croi-
ront les esperis derreur
et les doctrines des dia
bles disans menson-
ges et ypocrisies et ceulx
auront les consciences
fourrees de malice. Ven
dra aussi le tres dange-
reux temps ouquel se
ront ges amans desor-
donneement soy mais-
mes. gens conuoiteux
esleuez orguilleux bla
phemeurs desobeissas

a leurs parens ingratz
et tres peruers gens aus
si sans amour et bone
affection et sans paix
gens mesdisans gens
luxurieux crueltz rebel
les enflez amans plg
volupte que dieu et fot
semblant et maniere
de deuocion mais ilz re
noient sa vertu et ne ti
ennent conte de la veri-
te. Et aucuns de ces
gens comme dit lapos-
tre entrent et se fourret
es maisons et les sim
ples femmelettes char
gies de pechies sont pri
sonnieres du diable les
quelles sont menees de
diuers et iutiles desirs
voulans tousiours a
prendres et si ne paruie
nent jamais a attain-

dre la saience de verite
et en ce est partie des in
conueniens qui certai
nement auendront se cel
te peruerse secte est sou
ferte et non exterminee

Mais ce q dit est nest
gaires de chose en gpa
rison des autres maulx
qui en sourderont pour
vray se ceste cruele et
mauuaise pestilence cõ
tinue de courre et four
sener parmy le monde
comme elle a commen
chie. il est a croire que
le tresperilleux temps
vendra duql le prophe
te Daniel parla tadis
disant que lors que les
jmquitez et malices se
ront partreues. vntg
roy sesleuera portant
chiere effrontee et sans

quelque vergoingne q
cõtrouuera des nouuel
les doctrines. et a son ap
petit baillera lentendes
ment des propositions
de la saincte foy. Et
la force de cestui roy se
ra corroboree et accreue.
mais nõ pas de sa pro
pre puissance. il mette
ra tout en gast et deso-
lacion trop plg que len
ne porroit croire. et pros
pera en ses maudites
auures. et fera ce quil
voudra. il tuera et mur
drira les plus fors et
vaillans et a sa volente
mettera a mort le saict
peuple. sa fraude sera
malicieusemẽt condui
te par sa main. et exau
cera et magnifiera son
cuer en toute arrogan

ce . Il aura habondan
ce de tous biens tempo
relz . et fera mozir foi
son de gens il sesleuera
a lencontre du prince des
princes et en fin il sera
vaincu foule et estaint
sans mettre main cor-
pozele .et se fera par la
haulte et inuisible ver-
tu du prince souuerain

¶ Par ce roy orguil-
leux doit estre entendu
antecrist filz de perdica-
on que sainct pol lapos-
tre a predit de uoir estre
reuele et contgneu en la
fin des siecles .Et com
me conte ledit apostre
noftre feigneur jhesus
crist occira icelluy ante
crist de lesperit de sa bou
che .Et destruira de la
lumiere et excellete clar

te de son glorieux auene
ment.Et ainsi que dit
icelui apostre . la venue
de antecrist sera par leu
ure de Sathan et ny a-
ura que fainte et men-
songe en tog ses fignes
et en toutes les choses
merueilleuses quil fera
ne seruiront fors a se-
duire et mauuaisemt
abuser les gens et les
faire perir et mener a
dampnacion . Et au-
cuns mauuais se souf-
frirot seduire et peruer
tir de lui.car ilz naurot
volu receuoir la clarte
de verite pour eulx fau-
uer . Il appert donc
ques par ce que dit est
que qui diligemment
regarde les sainctes es-
criptures il congnoistra

ra clerement quil nest
crisme ne pechie ou mo
de dont len deust atten-
dre ne penser pouoir a
uenir aux hômes mor
telz tant de redoubta-
bles dangiers comme
a este declairie que ceste
execrable supersticion
de vauderie amenroit se
elle se augmentoit et
croissoit. car se ce que
nous auons dit para-
uant est vray. Et cer
tes oy .il est sans faute
vray, car tout vient des
sainctes escriptures qui
ne peuent mentir ne dy
re faulx. Se doncques
il nest riens plus vray
quil est a croire se ceste
secte de vauderie seslar
gissoit de plus en plus
et croissoit comme elle

a commenchie . quelle
induiroit et amenroit
en brief temps la gran
de et meruilleuse tribu
lacion dont ne fut la pa
reille des le commence
ment du monde et ius-
ĝs en la fin ne sera aus
si trouuee semblable .
Laquelle tribulacio 1
comme dient les escrip
tures tant aspre et cru
ele sera quil nest perso
ne mortele qui peust es
tre sauf se les iours di
celle tres terrible tem-
peste nestoient abregi-
ez par la clemence diui
ne

Le sommaire de ces-
te secõde et derraine rai
son auec exortacion cõ
mune
  L est doncques

a croire comme ie disoi
e que de la continuacion
& croissace de ceste mau
dite et infernale secte
de vauderie vendroit la
derremiere tribulacion
auec antecrist . Il est
certain que sur toutes
les detestables mali=
ces du monde ceste est
la plus detestable et la
plus redoubtable & cel
le que len doit plg fou
ir persecuter et dechassi
er . Et jcy prendera
fin la seconde raison q
auoit propose ce mons
trer et confermer . Et
comme il soit ainsi que
dit est . jespoire que lar
deur du bon voloir & sai
te jalousie de la cristien
te a present sesleuera a
lencontre de ces fourse
nez et que tout le mon
de leur fera forte guer=
re. jespoire que chascun
sesslongera des detesta=
bles bouticles de ceste
mauuaise et tresdamp
nable gët affin quil ne
soit enuelope et confon
du auec eulx. et que chas
cun appliqra tout son
sens industrie et estude
a rebouter et effacer ce
treshorrible mal . Et
en tant que en lui sera
chascun en sa professiö
labourera a estaindre
ces malfaicteurs . Et
comme commande les
cripture . on ne les souf
ferra paisiblement vi
ure en leur tresabhomi
nable malice

Exortacion aux pre
latz

Vous messeig-
neurs les prelas
de lesglise et docteurs e
uuangeliques sadresse
a present ma parolle.
Esueillies vous pour
dieu et vous hastez de
purgier le viel infect et
corrumpu leuain de cest
tui erreur enuiely es
cuers polus des abbomi
nables vaudois. Criez
en hault sans cesser et
esleuez voz voix contre
ces tresmaudites inuen
tions. Annonchies au
peuple en toute diligen
ce les treseccecables es
mes de ceste tresdamp-
nable secte. Sonnez la
trompette de sainte doc
trine, et largente clarд
de predication euuange
lique, et auertissies le
peuple quil se garde du
glaiue enuenime de ces
te maudite gent. mon
tez cheualereusement
sur la muraille pour
garantir le fort de la
vraye foy catholiq̄.soy
ez le boluerc et la tarde
de la maison disrael,
cest adire de la saincte
cristiente. Vous aues
a present belle oportu-
nite de faire pour le cõ-
mun salut confession
de la bouche en publique
de ce que vous croyez en
cuer pour vostre iustifi
cation personnelle. Et
certes se autremēt fai
siez ce que ja nauiēgne
vous ne acqteries point
le deuoir de vostre digne
et hault office, et series
mes ou côte des lasches

et desloyaulx dispēseurs
des saintz mysteres de
dieu vous series vraye
ment inutiles a la gar
de du troppeau du sou
uerain pasteur jhesu
crist comme chiens qui
se taisēt a la venue des
lonps et ne peuent son
ner mot. sont comme
jnutiles habandonnez
des bons et diligēs pas
teurs. Pourcertain
se vos muchiez en tēps
de tele auersite et tant
dure temptacion le ble
que nostreseigneur vos
a baillie pour le distri
buer en necessite vous
series maudis de tout
le peuple. Apez pour
dieu memoire conmēt
les sains martirs ale
rent par tout le mõde

couuers de dures peaux
de chieures et tresaus
teres robes, et commēt
ilz estoiēt comme tous
iours souffraiteux et
angoisseux aians mai
tes afflictions. Vous
souuientyne que iceulx
sains martirs moult
souffrirent de hontes
et villaines batures et
auec ce estoient souuēt
en chartre duremēt re
liez. Reduisez a vostre
memoire conment les
aucuns deulx furent la
pidez. Aucuns furent
parmy le corps de soioi
res trenchiez. Autres
morient par glaiue et
autres furent occis des
pee. et toutefois ou mi
lieu de toutes ses grie
ues persecutiõs ehorri

bles tourmens. ilz par
lerét francement en la
presence des felós roys
et tresauelz tirans et di
rent tout au long ce q̃
le sainct esperit leur en
seignoit. et ne furent des
meus pour quelq̃ crain
te que on leur baillast
q̃ constamment et sans
fre eur ilz ne preschaffét
la saincte doctrine de le
uangile et acqueroient
a jhesucrist plus de gés
par leur mozir que par
leur viure. et si ne flou
rissoit point aincozes
la foy cristienne ou peu
ple. Et doncques mes-
seigneurs en quele seu
rete de cuer et en quel re
pos de consaience vous
taires vous a present
quant lestude de la doc
trine euuagelique et bõ
ne deuoció est sur la ter
re flourissant. commét
dis ie vous oseries vog
taire voyans ces mer-
uilleux dangiers et ces
terribles perilz et dom-
mages de la religió es-
tienne. et mesmement
entre vous qui telemét
habondez en richesses et
delices et qui tant auez
de biens vous soingneu
sement acquitter de la
garde de la saincte foy
catholique et du salut
des ames que dieu vog
a commises. veritable
ment vostre dissimula
cioy en ce cas ne seroit
sans grát pechie et grie
ue coulpe. vostre dissi-
mulacioy certes nour
riroit et souftiendroit

cefte defloyale mefcrea
ce. fi bous feroit fans
faulte parchonniers de
leurs maulx. et par bog
taire et diffimuler bog
metteriez comme dit
lefcripture boftre part
et porciõ auec ces mau
uais adulteres et tref
execrables pecheurs. car
comme dit fainct gre
goire. Comme par
fol et mal auife font
fouuent plufieurs at
trais a erreur auffi par
indifcretement fe taire
perfcuerẽt fouuẽt plui
feurs et demeurent en
leur erreur. La fainte
ialoufie de dieu doncqs
bog enflambera et mẽ
gera comme dit lefcrip
ture. et fera de bous fail
lir bonne et bertueufe

parolle a la deffenfe de
la foy bous prefenterez
humblement boftre lã
gue a eftre comme dit
lefcpture. la digne plu
me du tresbaftif efcrip
uain qui tant legiere
ment efcript. Ceft
le fouuerain maiftre le
glorieux et benoit faint
efperit. bous ferez com
me iefpoire boftre de
uoir de preparer et ap
prefter boftre corage a
ce hault bien. et noftre
feigneur gouuernera et
conduira boftre langue
bous beftirez le faint
harnas de dieu. et bous
habillerez de fesarmes
affin que puiffiez du
rer en refiftãt a ces fub
tiles agues et afpres ẽ
uayes du diable. bous

nauez pas a champiex
et luiter a present alen
contre des cor pozelz en:
nemis ayans char et
sang gme bous . mais
auez a mener la guer:
re aux gouuerneurs de
ces tenebres z du siecle
present qui sont les di
ables.   Il fault que
bous liurez la bataille
aux malices espirituel
les tumbrez jadis du
ciel .si est besoing q bog
prenez le tresfin z relui
sant harnas q le sainct
esprit a forgie pour en
tre vzg ses champios
Et que en toute dilige
ce bous mettez en point
affin que puissiez sous
tenir le pesant fais de
ceste grande et terrible
journee ou toute mali

ce sestespandue sur la
terre. Prouuoyez tele
ment a boz besoingnes
que riës ne bous defail
le de ce qui est requis a
a fournir vne tant cru
ele et redoubtable guer
re . Habilliez bous du
haubert acere de saincte
iustice . Chaidez et gar
missiez boz rains de cos
tant berite . Chaussiez
bous en toute haste et
appareilliez boz pies a
bertueusemët aler par
tout preschier la sainc:
te euuangile de paix .
Prenez le fort escu de
vraye foy par leql bog
puissiez estaindre tog
les ardans et enflam:
bez dars du tresperuers
et felon ennemy . Pre
nez aussi le saint heaul

me du salut eternel et
le glaiue espirituel de
la parolle de dieu. Ar
mez vous des sainctes
oroisons et deuotes pri
eres. requerez laide di
au gtnuelemēt et sans
cesser priez le en feruer
dsperit dauoirson) assis
tence. Vaulliez en tou
te diligence suplier au
souuerain maistre quil
lui plaise preseruer de
ces horribles maulx
toutes bonnes et sainc
tes personnes

Eportacion aux pri
tes

Le est temps de
me adrescier a
vous a present tresno
bles et tresexcellens pri
tes qui estes appellez
du prince souuerain. a

iustier les iniqtez, et con
dampner les malfait
teurs. esuertuez vous
pour lamour et reueren
ce de dieu. et vaillam
mēt deffendz la cause
de vostre createur. froi
siez et en toute force rō
pez les detestables liēs
de la malice de ces tres
desloyaux baudis, jet
tez au loing de vog leur
tresenuenime gourue
au. vous estes consticu
ez de dieu les faucheurs
et moissonneurs de son
beau champ de ble. Or
est venue la saison de
moisson. esrachiez dōt
e recueilliez ceste mau
uaise herbe et trespuan
te cruaute et le liez en
faisseaulx pour en fai
re du feu. et si assēblez

en la grace le bon e pu
rain forment donnas
bonne paix aux loiaux
cristiens et aux vrays
catholiques parfait re
pos. Apez pour diu
memore que non sans
cause len porte lespee de
uant vous. Certes par
ce vous est donne a enten
dre que vous estes mi
nistrez et officiers de di
eu ordonnez a faire roi
de vengeance de ceulx q
meffont et trencham
ment punir les delin
quans. Le glaiue dont
de vostre iustice se cour
roucera e comme furi
eusemet sesleuera a len
contre de ces trescruez e
nemis de la religion cs
tienne. Vous persecute
rez a oultrance ceste en
uemime et pestilenciau
se gent et par vos ferez
les bons catholiqs flou
rir en douce e seure paix
et si baillerez terrible
crainte a tous les mau
uais. Il est certes
escript a ce propos que
par ce que hastiuement
nest pronuncee senten
ce condempnatoire con
tre les malfaiteurs, ils
perpetrent leurs male
fices sas quelque doub
te et crainte, et que le fol
delaisse souuent sa fo
lie et deuient sage voiat
souuent la punicion as
pre des pecheurs et delin
quans. toutefois quoy
que die mon intencion
nest pas de labourer q
iustice cmunele soit fai
te, car cest en tout repu

gnãt et contraire a ma
profession. gme ie soye
de la vocacion de sainte
prestrise et de la compa
gnie sacerdotal hum-
ble seruiteur ministre
du souuerain et eternel
prestre. lequel côme il
afferme par la bouche
du prophete. Ne desire
et ne veult la mozt du
pecheur. Mais iose bien
admonnester en bonne
charite sans fainte les
princes et iuges. Et a
mon pouoir les veul bi
en ammex quilz sacqui
tent de la charge que le
hault iuge leur a bail
lie. Cest assauoir que
en faisant le desir et deuoir de leurs offices.ilz
pourroient a la paix et
salut de leurs subgetz

et quil est beso ing pour
le bien publique de la
multitude ilz soient cõ
tes dabandonnex a per
dicion temporele ceulx
quilz trouuexõt ateris
et conuaincus de ces tres
execrables crimes. car
comme dit sainct Ihe
romme. Il fault retre
chier et coper du corps de
la personne la char pou
rie et infecte. affin des-
cheux que le surplus
de la masse du corps ne
se corrõpe et gaste faut
aussi mettre hors de les
table commune la bre-
bis corrõpue pour pre-
seruex disection et pour
riture le tropeau q est
sain. Et sainct au-
gustin corriga sa sente
ce par laquele il auoit

afferme que persõne ne
deuoit estre constraint
a garder lunite de jhesu
crist il dit certes que sa
ditte sentêce na este sur
montee et vaieue des pa
rolles des contre disãs
mais des exemples et
fais diceulx qui autre
ment ont ouure, car la
crainte des loix comme
il dit fait a aucuns de
si grans biens et tant
leur a este proufitable
et vtile que pluiseurs
en loent et mercient nos
treseigneur disans.
Graces et loenges ait
il qui a froissie et rom-
pu noz liens dont estiõs
tenus. Ainsi donc
ques que icelluy sainct
augustin dit il nest per
sonne de nos q̃ trulle au

auy heretique perir et es
tre perdu. mais la mai
son de dauid nauoit des
serui pooir obtenir au
tremêt paix se son filz
absalon nestoit estait
en la guerre q̃l menoit
contre son pere. Ain
si la saincte et catholiq
eglise a meruilleuse do
leur ou cuer quant elle
est constrainte de perdre
aucuns de ses enfans
pour sauuer les autres
Et ia soit ce que ce soit
pour le bien salut et de
liurâce du peuple vni-
uersel. et si ne puet estre
ceste perte sãs le gemis
semêt douloureux de son
cuer doulx et maternel
Pour vray tresnobles
princes il est plus cler
que la lumiere du my-

dy q̃ riens ne vous peut
auenir plus salutaire
ne de greigneur loenge
q̃ auoir vne tresardant
ialousie a garder. Et
conseruer les solennel-
les institucions de dieu
et de sa saincte eglise co
me vos soyez ordonnez
a la deffense de la chose
publique cristienne. et
ne pouez auoir plus ho
norable et glorieuse oc
cupacion en ce monde q̃
vacquer en toute diligẽ
ce a la punicõ et exter
minacion de ceulx qui
commettent si execra-
bles malefices. A vos
certes appartient non
souffrir les delinquant
contre la loy diuine. vi
ure en paix et acomplir
leurs maudites volen
tez. mais les deurz selõ
lexigẽce de leur cas pu
nir. Veritablemẽt
vos estes obligiez a prẽ
dre iuste vengance des
iniures quilz ont com
mises contre la maies-
te diuine et auec ce de
uez la compaignie des
bons deffendre et preser
uer. Purgiez aussi le-
glise des abhominables
et intollerables ordu-
res de ces horribles pe-
cheurs. Las tresexcel
lens princes or vos sou
uiengne du temps glo
rieux passe vous plaise
mettre deuãt voz yeulx
les haultes œuures et
memorables fais que
les tresnobles princes
firent iadis par ardan
te deuocion quilz porto i

ent a la sainte loy de di
eu vous plaise pour di
eu les jmiter et ensuir q
auez a present tant bel
le oportunite acquerez
en faisant la souuerai:
ne gloire celestiene, ac
querez aussi la loenge
du monde qui a vous et
vostre posterite sera im
mortele, faictes que vos
tre nom vole en perpetu
ele benedictio en la bou
che des gens. Voyez jci
et considerez ententiue:
ment quelz beaulx exe
ples et reluisans mi:
rotrs vous baille la sai
te escripture. Le sait
patriarche abraham ne
fut il trouue ferme cons
tant et loyal es tempta
cions qui lui vindrent
certes ce lui tourna et

luy fut repute, comme
dit lescripture a iusti:
ce perpetuele. Le bon
joseph ou temps de an
goisseuse faim ne gar
da jnuiolablement les
sains commandemes
de dieu si en fut promeu
a seignourir en toute
la terre degipte. Si
nees par faueur de deuo
tion et saicte jalousie de
la foy de dieu executa
le juif qui publiqment
transgressoit les com:
mandemens de lalop.

Et par ce il desserui a
uoir le tesmoingnaige
de la sacree et eternele pf
trise. Jhesus nane
par ce quil acompli la
parolle et commande:
met de dieu fut esleu a
auoir le gouuernemet

ou peuple disrael et es
tre leur duc et chief pri
cipal . Caleph optit
tel heritage en la terre
de promission par fran
cement et en loyaute tes
moignier en la presen
ce de toute lassemblee
et eglise des juifz .
Dauid par la haute mi
sericorde dont touſiours
il vsa . paruint a estre
roy de toute iudee . Et
le siege de son royaume
durera perpetuelemēt
en la personne de nostre
sauueur ihesucrist qui
de lui est descendu .
Helye le prophete fut
vif translate et empor
te en paradis terrestre
pour ce que en si grant
ardeur de couraige il ex
auçoit la loy de dieu .

Les trois enfans nom
mez ananie, azarie et
misael que le tirant na
Bugodonosor fist jetter
en la fournaise furent
par miracle diuin deli
urez de la flāme pour
la constance de leur foy
Daniel le josne pro
phete par la vertu de sa
iuste simplesse et beni
gne douceur fut garan
ti de la cruaute des liōs
Je me passe de faire
mencion des glorieux
et tresuictorieux mar
tirs de la loy nouuelle
car il nest besoing que
mon langaige les esclai
re et face congnoistre .
Ilz sont certes de chas
cun cristien assez con
gneus par la venerable
commemoration et fes

te dont tous les ans le/
glise les solennise et ce/
lebre en ramembrant les
hault triumphes et tres
renommees victoires
quilz ont acquis par ar
dant amour de la sain
te foy de dieu. Je ne par
le point aussi des sains
docteurs ne des glorieu
ses œuvres quilz firent
pour la deffense de la sai
te foy cristiene dont ilz
ont a leurs successeurs
laissie foison de tresno
bles exemples, par les
quelles choses ilz ont
gaigne la gloire eter/
nelle et la precieuse cou
ronne a tousiours ver/
diant. Et la memoi
re diceulx benois doc
teurs est consacree de tog
les siecles q depuis ont

este et seront. Je me
tais doncques de tou/
tes ces choses pour ce
quelles ne sont que trop
notoires. Or auisons
ia. Quest ce glorieux
dieu qui a si hault esle/
ue le tresnoble et tres/
puissant royaume de
france. Quest ce qui a
ceste precieuse perle de la
cristiente a donne ce tant
digne et excellent nom q
me destre appelle roya
me trescristien. Quest
ce dis ie qui lui a baille
ce divin tiltre et resple
dissant los. si non que
ceste tresrenommee gent
des le comment de sa re
generacion a garde la
purite de saicte foy sans
quelque souilleure. et q
tousiours a este tresfer

uenté et ardamment
soigneuse a rebouter et
extirper les ennemis de
la verite salutaire e ca
tholique doctrine. Et a
tog ceulx qui de vraye
foy desuoient sest ren
due terrible et redoub
table ennemie comme
tresgrant et bien ordon
nee, et tousiours a este
preste de lesenuahir fou
ler et dechasser. Au
surplus dont est ce peu
remir que le tresuictori
eux Charlemaine roy
des trescheualereux frā
cois, est sur tog les au
tres princes du monde
celebre de loenge tant si
guliere e de si glorieuse
memore fors pour ce q
en tresgrande diligence
et labour cōtinuel il sef

forcoit tousiours dam
plier et accroistre les li
mitez de la sainte cristi
ente. et que sans se re
poser il exaulca le nom
cristien et contre tous e
nemis le deffendy tres
puissamment. Qui
est cellui q ne scet quās
haulx triumphes e quā
tes memorables victo
res il optit sur les mes
creans et ennemis de la
foy catholique. et ce pri
cipalement par la for
ce e merueilleuse vaillā
ce des cheualiers fran
cois quoy quil fust acō
paigine de moult dau
tres nations. Les
francois doncqs se sont
tousiours souueraine
mēt esuertuez a lentre
tenement et exaltacion

de la religion cristienne
et sur toutes autres na
tions se sont monstrez
singuliers champions
de la saincte foy catho
lique et de ce leur est ve
nu le treshonorable et
glorieux bruit q̃ de tout
temps par tout le mon
de resplendist. Et
donques tresnobles tres
excellens et tresreluisãs
princes de france vous
plaise a ces choses pen
ser, vous plaise continu
er a voz successeurs de
hault honneur que voz
tresnobles protecteurs
vous ont laissie prenez
pour dieu bon coraige et
soyez diligēs ꝫ ardans
a extirper ceste detesta
ble et enuenimee secte
des vaudois qui seffor

cẽt de voz oster ou souil
lier la tresclere et relui
sant lumiere de vostre
gloire heredital de pur
te de saincte foy. ne vos
effraez de chose q̃ oyez.
Considerez comme dit
lescripture de generati
on en generation et vos
apercevrez quil ne fut
jamais personne aiant
esperance en dieu q̃ fust
frustre de son bon et loa
ble desir. Mais tous
iours ont glorieuse ys
sue de leurs vertueuses
euures. Nayez doncq̃s
quelque paour ou crain
te des parolles menson
gieres dont ces execra
bles pecheurs veulent
effreer le monde. La
gloire du pecheur dit les
cripture est comme fie

te et comme vngz ver de
terre il sesfleue au iour
dhuy bien hault et de
main il est estait et neu
est plus nouuelle . car
il est retourne et trebu
chie en enfer qui est sa
propre demeure et terre
due a son estat. Et ses
pensees perirot comme
adioint lescripture . car
il se treuue priue a jas
mais de toutes ses plai
sances ql queroit et voit
ql a failli a toutes ses
ataintes. Or vous
esuertuez dont treglori
eux pnces et besoigmes
corageusement en ceste
euure tres salutaire .
Emprenez cheualercu
semet ceste guerre pour
la deffense de la tressai
te foy de dieu. Et vraie

ment ceste diuine loy
vous rendera pour vos
tre paine le guerdon de
la gloire eternele . elle
vous fera certes glozis
eux en ce monde et en lau
tre . seffozcement vog
reboutez iceulx ses cru
etz ennemis qui de tout
leur engin machinent
contre le salut vniuer
sel des cristiens . Et se
par iuste vengance vog
constraigniez ceste des
loyale et mescreate get
donnex paix et repos a
ceulx qui desirent deuo
tement viure en jhesu
crist conme dit lapostre
pour certam vog serez
mis ou glorieux nom
bre des vrays protec
teurs champions gar
des et deffenseurs de la

tres digne loy cristienne
mais que vous abolissi
ez et effaciez de tout pois
les peruerses vanitez et
faustes inuencions de
ceste maudite secte. et
que par vostre diligéce
la chandeille de vraye
foy soit alumee et mise
sur le chandelier comme
dit lescripture. pour es
clairier ceulx qui sont
auironnez des obscures
tenebres. et qui sont as
sis en lombre de la mort
affin que par ceste tres
resplendissant lumie
re de la saincte foy catho
lique ilz puissent veoir
a conduire leurs piez en
la voye de salutaire et e
ternele paix. Il me
semble que selon moy
petit entendement et po

oir. Jay assez persecu
te et deteste la tresabho
minable peruersite et de
testable mescreace des
vauldois. assez aussi ay
declaire combien leur
malice est execrable et
dangereuse. Sy croy a
uoir satisffait a la pre
miere partie de cest au
ure. Reste mainte
nant la seconde partie
de ce present traicti en
laquelle au plus brief
que faire se pourra ie de
clairay par quelle ma
niere peut le diable pro
curer et faire les estran
ges et meruilleuses cho
ses que len dit auenir
par ceste dampnee su
persticion

Sensieut la secon

ce partie du presēt traic
tie en laqle sera declai
re ce que le diable puet
faire a la verite reale
ment . et ce que non

Il est certes bien
expedient de pou
oir attaindre la verite
de ces besointnes pour
appaisier le trouble qui
a ceste occasiō sourt es
cuers des bons e loiaux
cristiens q non sachans
dont telles choses pro
cedent se treuuent tele
ment surprins de fre
eur et de amtracion que
la tranquilite de leurs
consciēces en est fort dō
magie e empeschie. Sy
est tresconuenable que
en bonne moderacion e
sobresse desperit ilz con

gnoissent comment il
en est affin que sceue la
tres peruerse fraude de
cestui disloyal maistre
ilz ne demeurent plus
en amiracio de ces fais
mais se occupent seule
ment a penser et remirer
les haultes et tresglori
euses euures de dieu . et
se comoissent en la dou
ce voye de ses dignes cō
mandemēs . par ce aus
si que les plus ingeni
eux seront istruis de la
verite ilz pourront en
seigmer les autres sim
ples et les adrescier en
saincte et salutaire doc
trine . Et pourront re
peller rebouter et cōfon
dre ceulx qui enquierēt
ces detestables vanitez
et leurs precieuses ames

precipitent en dampna
cion eternele qui sont
maintenant hellas en
piteusement grant no
bre. Ceste doctrine
doncques sera tresutile
tant pour linstruction
et exercite de bons com
me pour lenuersement
et cfusion de mauuais
et sera comme vne puis
sante et forte tour a ga
rantir tous loyaulx cres
tiens des subtilz aguais
et apresentuabissemes
de nostre mortel enne-
my et pour estre en ma
matiere nog confessos
pmier que cestui mais
tre ouurier come il soit
doue de tresagu et vif en
tgm lequel doy magni
fique selon la doctrine
du diuin saint Dems

apres quil fut tumbe et
trebuchie en bas. lui a
tousiours este entrete
nu en son entier come
ilfait aussi puissance et
naturele vertu grande
a merueilles en laquel
le il fut cree et pas nella
perdy en pechant puet
par la parfonde subtili
te de son engin et sa mer
uilleuse vertu procurer
et faire de treseftranges
et monstrueuses choses
qui en commune opini
on du peuple sont repu
tees a miracles. et ses
choses se font a la fois
reelement et a la verite
A la fois aussi se font
seulemet par presagi-
euse deception et illusi-
on fantasique en quoy
toutesuoyes jamais il

ne gert pourchasser au
cun bien a lõme. mais
tousiours content a le
deceuoir et son ame fai
re trebuchier en damp
nation. ¶ A ceste sen
tence sacordent et se ioi
gnent les theologiens
auec les phylosophes.
¶ Eyce aussi print sa fõ
dacõ la maudite et des
fendue art de ingromã
cie et de ce baille ses de
ceptifz enseignemens
faisans tresgrant trait
tie des ymages miroirs
et seaulx des diables. e
en dit des folies sãs no
bre. plusieurs aussi de
tesstables inuocacions
a ce ordonnez se trauuet
es liures de hermogene
et filetus qui de cestui
abhominable mestier

fort sentremirent et pa
reillement sen trauuet
aucunes ou liure q̃ len
a tribue a salomon ap
pelle alimandel. Et au
cunes de ces inuoca
ons furent trouuees en
grece quilz appellent a
thoc. aucunes en babilo
ne quilz nomment ger
ma et aucunes en egip
te et sappellent herme
te. mais ce nest pas cho
se aisie de declarer de ql
vertu e efficace soit cel
te art de ingromancie
ne aussi par quelle ma
niere le diable appelle
taisiblement en ces in
uocacõs se rend prest
dacomplir les peruers
desirs des magiciens e
fait tant de merueillau
ses besoignes dõt tout

le monde sesbahist.
Ains ja a de trespar-
fondes et obscures diffi-
cultez desquelles se nos
voulions aussi particu-
lierement et au large
traittier comme ot fait
aucuns haulx theologi-
ens et notables phylo-
sophes. force nos seroit
den emplir pluiseurs
grâs volumes en quoy
les engis des simples
ges ausquelz cest œuure
sadzesse a lauenture se
pourroient plus trou-
bler que y prendre insti-
tucion. Nous vou-
lans doncques de ceste
matiere parler le plus
abregeement que possi-
ble sera produirds au-
cuns briefz enseigne-
mens qui seront com

me vne lumiere esclai-
rant lentendemēt de la
personne a veoir bien ā
plement beaucop de ces
besoingnes parquoy la
fraude et mauuaistie
du diable pourra estre
tresplainj descouuerte

Le premier enseigne-
ment est de la qualite/et
maniere de ceste art de
ingromancie
¶ ja soit ce que a
proprement par-
ler lart de ingromācie
contientgne seulement
les deuinemens qui se
font par aparicions de
gens mors. et par par-
ler a eulx touteffois ie
vseray ja de ingromā-
cie pour toute obserua-
cion deuinatoire y com

prenant pyromancie a
tromancie, piromacie
ciromancie spaliman
cie, auispicie, auguie
et toutes pareilles tro-
peries desquelles cho-
ses ie ne feray particu
liere declaracion, car el
le seroit fort longue et
trop ennuieuse. Et
en ceste matiere ie veul
bien affermer vne cho-
se qui souuerainement
est a noter q toute ceste
art nest que jouglerie
mensongiere fondee en
toute faussete et trom-
perie car en tous ces en
seignemens elle suppo
se que le diable puist es
tre force q constraint a
comparoir et venir de
uers ceulx qui lapellet
et mettre a effect leurs

desirs et acomplir leur
volente. Qui veult
doncq catholiquement
et comme vray cristian
sentir de ceste matiere
il doit considerer et sou
uent reduire a memoi
re la parolle du treseb-
cellent docteur saint au
gustin. Et tresaisee
ment il congnoistra la
grade deception de ceste
fole et dampnable art
et au cler apperceuera
les bourdes controuue-
es dont elle est plaine.
Les diables dist mon
seigneur sainct augus
tin sont attrais par dy
uers genres de pierres
de bois de bestes de chan
sons et dobseruacions
non pas comme hom
mes ou bestes sont ale

chies de viande comme
espris sont appellez de
signes . Veritable
ment ceste sentence est
moult haulte et de gñt
importance par laquel
le est demonstre que ce
q se fait par ceste mau
dite practique nauient
mie par aucune vertu
estant es pierres et au
tres choses nommees
comme se le diable fust
par icelles constrait ou
aucunement meu z en
cline a soy exhiber a ses
inuocateurs et faire ce
quilz requierent . Et
quel merueille se le dia
ble qui est de nature in
corporelle ne puet estre
force par chose corpore
le car ainsi que dit job
Il nest puissance sur

la terre qui soit egale
a la sienne ne q lui puist
estre aucunemet acom
paree. Il nest pas donc
ques par inuocacios at
trait comme vne beste
est par viande . Mais
comme ilz soient souue
rainement desireux de
lonnaur diui z par mer
uilleuse enuie du bien
des hommes dont sont
remplis z tous fourse
chiez sefforcent de tout
leur pouoir iceux ame
ner a eternele dampna
cion . ilz viennent bien
volentiers a teles inuo
cations z vaines obser
uacios pour ce que par
icelles entendant leur
estre exhibee la reueren
ce deue au createur et q
leu veult faire a eulx a

fiance perpetuelle et con
tracter bonne amiftie .
Et par cefte folie com=
me piteufement fabu
fe et deceu fen va fans
quelque doubte a perdi
cion pardurable . et fe
la mifericorde diuine be
nignement ne le rapel=
le de cefte abufion il fen
trouuera lottie en fin a=
uec ces faulp efperis et
mauuais ypocrites ou
eup auec lui ferõt tour
mentez fans fin . Les
diables doncques com
me natgaires difoie nõ
pas par gftraifte . mais
par leur propre volente
fe exhibent a ceulp qui
les inuocquent et apel=
lent leur promettant
faire apde . Et neant
moins fueffrent iceup

fes deteftables ferui =
teurs demourer en cefte
opinion que par telles
coniuracions foiét for=
ciez a venir deuers eup
affin que plg aifiemẽt
les puiffent precipiter
en dampnacion . et que
par cefte erreur leurs
penfees foient tellemẽt
occupeez et detenues qz
naient loifir de vacquer
aux falutaires exerci=
ces de penitence et de bõ
nes deuocions . Et cer
tainement cefte mau=
dite art neft point feu=
lement inutile a gftraï
dre les diables . mais
auffi eft toute vaine et
fruftratoire a acquerir
ce q par elle contendẽt
obtenir ceup q fi broul
lent . car trais de lignes

et pourtraiture dauctu:
nes ropez forgier yma
ges et miroirs, obser:
uation de figures et cer
tains caracteres e sem
blables folies esqlles
le dit estre toute la ver
tu de ceste dampnee art
ne sont daucune effica:
ce a causer reaulx ef:
fictz ne choses naturel
les car toutes ces ma:
nieres de besoignes sot
du gendre mathemati
que qui est separee sslon
gie et abstrait comme
dient les phylosophes
de toute reele et physiq
action ou viennent des
utemeulx ars qui a na
ture aiant desia sa der
remere perfection et a:
complissement final a
roulte seulement au de

hors la forme sterile de
humain artifice qui e
stez est de tous poins es
tratgee de reele et vraye
causalite

Le second enseigne:
ment est des choses que
les diables font a la ve
rite

E nest homme
moiennement
exercite es sainctes let
tres et es diuines escrip
tures quelque peu vsa
gie qui puist rappeller
en doubte que du com:
mandement ou permis
sio diuine mout de cho
ses contre lordre acous:
tume de nature ne aui
entgnent par loperatio
tant des bons angeles
comme des mauuais .
Qui est cellui qui

na leu gmēt les trois
angeles ẽ la valee de
mambre saparurent a
Abraham seant a luis
de son hostel ẽ commēt
dieu par iceulx ses mini
stres fist plouuoir feu ẽ
si lx hre sur les cinq ci
tez de sodome et gomoz
re et par toute la regiõ

Qui est celui a qui
biẽ ne souuiengne que
par le commandement
diuiu; et le seruice ẽ mi
mstre des Angeles fu
rẽt fais tonnoires et
esclcres flamboians ẽ
la tresespesse nuee dont
toute la montaigne es
toit couuerte. le bruit
aussi de la busine haut
sonnant lors que dieu
voult baillier a moyse
la loy ẽ la montaigne

de sinay. Sembla
blement nest gaires de
gens qui assez ne aient
oy listoire de la saincte
bible qui conte que a la
compaignie des ẽfans
de israel fuyans la fu-
reur des egipciens fut
par la clemence diuine
vsant du seruice des
bons angeles donne de
jour vne nuee a les ga-
rantir et couurir. Et
de nuit vne colombe de
feu a les esclarer et gui
dier. pareillement doit
estre ẽtendu de la sainc
te manne envoiee de di
eu et des oyseaulx quil
fist plouuoir ẽ lost des
dessusdis enfans ẽ tel
le habondance comme
est le grauier ẽ la mer
Ainsi doit len aussi

iustien de enoc transpor
te en paradis terrestre
de helie qui y monta
ou choriot enflambe de
abacuc qui de iudee fut
porte par les cheualx
ou pais des assiriens de
lexterminacion du roy
sennacerib en nombre
de cent quatreuis et .v.
mille . et dautres jnnu:
merables benefices et
dons infinis que lescrip
ture diuine recorde a:
uoir este octroiez et fais
au genre humain .
Semblablement les
sainctes hystoires par
lent des paines dont di
eu a les hommes ferus
vsaut a la fois du ser:
uice des bons angeles
e autrefois fait ses mi
nistres des mauuais

esperis lesquelz certes
de bien diuerse intencio
acomplissent lordonna
ce diuine et ceulx flay
aux la saincte escriptu
re attribue ou a la ius:
tice de dieu q prent ven
geance des mauuais ou
a sa clemence qui veut
les bons exceraiter .
Et pour mettre auant
aucuns de ces exemples
il nest come ie croy per
sonne qui face doubte
que le roy ou mauuais
angele au commande:
met de dieu ne feist sou
dainement venir le feu
dont furent brulez et de
uorez les deux capitai
nes auec les cinquan:
tes hommes que chas:
cun auoit en sa compai
gnie qui du roy de sa

marie estoient enuoiez
en orgiull cause arrogan-
ce deuers le Prophete
pour senquerir son le ga-
roit pas gari de sa ma-
ladie. les angeles cer-
tes executerent ainsi
hastiuemet le iugemet
diuin sur ces gens icy
que pour leur grief pe-
chie loirent de mort ta es-
cruele. La temptaci
on de Job est toute ma
nifeste que la verite de
lescripture confesse au
pourchas de sathan. et
par son engm auoir es-
te de sa cheuace et ligmie
fraude et priue ensam-
ble feru de meselerie et
clous tresdoloureux de
la plante du pie iusqs
au sommet de sa teste
Chascun aussi cons

noit commet le diable
tempteur print nostre
sauueur et le mist sur
le pinacle z couuerture
du temple. et apres le
porta sur vne treshaul-
te montaigne. Et pa
reillement nous opos
tous les iours leuuan
gille ouquel sont racon
tez les miraculeuses
garisons des demonia
cles que la benignite de
nostre Sauueur jhesu
crist deliuroit des dya-
bles lesquelz sapelloiet
en lescripture aucune-
fois legion a la fois es-
perit destraingnat et de
rompant et autrefois
diable muel desquelz le
reboutement et expul-
sion faitte de jhesucrist
est clere prouue et tes-

moingnatge euident de
sa vraye diuinité.

La doctrine aussi de sai
te eglise enseigne que
en la fin du siecle les be
nois angeles en vn ject
dueil recueilleront par
tout le monde les poul
dres des corps humais
pour les reparer et dis
poser a receuoir vie im
mortele. Et quelle cho
se porroit on penser plg
merueilleuse voire a
pres les miracles de la
diuine ommipotence.

Comme doncques il
soit certain par laucto
rite de la saincte escrip
ture dont ne loist faire
aucune doubte que grāt
multitude et comme ie
puis dire vne large fo
rest des auures dessus

dites est subiecte a la
vertu des angeles

La fondaci on des g
sideracions de ce que le
diable puet faire a la ve
rite

R declarōs mai
tenant la manie
re comment il se fait q̃
de pme face semble cho
se tant a esmerueillier
Et pour ce ie bailleray
vn seul enseignement
qui est de tant grāt ver
tu et de tant et telle im
portance que en lui gist
comme tout le pois de
ceste haute et tresample
matiere qui sensi eut q
me selon la doctrine de
saint dems la sapiēce
diuine ait joinct et vni
les fins des premiere s

choses aux commence
mens des secondes. Il
est de necessite que la na
ture et chose basse en ce
q est en soy le plg noble
et esleue soit touchie de
la nature haute et pour
ce que le mouuemet de
lieu en lieu est le premier
et le plus parfait mou
uement qui soit en na-
ture corporelle. Car
comme enseigne aristo
te le mouuement local
ne touche ou dispose a
la corruption et perte de
la substance ce que fot
toutes les autres espe-
ces et manieres de mou
uemens. car generaciõ
et corruption attaident
la substance en soy et al
teracion augmentaciõ
et diminucion sont dis
posiciõs preparatoires
a la corruption et perte
de la substance. Au
surplus le mouuemet
local se treuue bien sas
les autres. comme ou
ciel nest quelque mou-
uement fors le local.
mais les autres ne peu
ent estre sans lui. si sen
siuit en bonne consequē
ce q se les autres mou
uemens sont quelque
part aussi y est le mou
uement local. mais cel
te consequence ne puet
estre retournee. car il
ne sensiuit pas se icel:
lui mouuement local
est en quelque corps que
pour tant les autres y
soient. Puis donques
que le mouuement lo-
cal est le premier et le

plus parfait mouue-
ment qui soit en natu-
re corporele obeïsse a nature espirituele en ces-
tui mouuement local.
Sy sensieut necessaire-
ment que langele puet
a la verite faire et pro-
duire toutes les cho-
ses et non autres q̃ peu-
ent sourdre et naistre
par appliquier et joïdre
localement les choses
actiues aulx passiues
en quelque matiere que
ce soit. Et qui est celui
qui ne sace tresbien que
le createur a cõfere aux
corporeltz elemes du mõ
de vne grande vertu et
tresample pouoir qui
est principalement en
aucunes secretes et in-
contignaues semences es

parses par tout en la
nature corporelle, desq
les differentement joic-
tes et ensemble applic-
quees sourdent de bien
merueilleuses besoin-
gnes et treseftranges
effectz. Et toutes ces choses se peuent faire a la
verite par le subtil en-
gin du dyable

Comment les dya-
bles peuẽt faire des ser-
pens

Ar ceste manie-
re les magiciês
du roy pharaon par
leurs enchantemens et
inuocacions secretes fi-
rent de verges vrays
serpens comme la sain-
te escripture le tesmoi-
gne, et ce se fist par la

subtille ingenieuse de
lennemy qui congnois-
sant toutes les semen-
ces esparses es elemes
corporelz qui peuent ser-
uir aucunement a pro-
duire ces choses les as-
sembla comme en vng
momet et les joingnat
duement ensemble en
fist sourdre serpens con-
me soudainement na-
ture no aide sceut fai-
re petit a petit et en grat
temps. Comme sou-
uent len traiuc serpens
engendrez ee arbres pou-
ris e mesmemet en lar-
bre appelle tilluel a la
fois se engendrent au-
cuns dragons

Comment les dya-
bles peuent faire pleu-
ues vens tonnoires et

pareilles tempestes. et
comment les dyables
peuent porter les gens
en air et les faire com-
me voler

Pareillement les
diables peuent es-
mouuoir a la verite
tourbeillons de vens to
noires tempestes et pa-
reilles alteracions de
lair. Car ces choses se
font par leslieuement
des vapeurs et la mes-
ture des qualitez eleme
taires. Et a ce puet va-
loir et seruir certaine
appliacio daucunes se-
mences que le dyable
congnoit tresbien.
Par ceste maniere aus-
si le dyable puet bien
mouuoir de lieu en au-
tre tous corps exceptez

les cieulx, et en trespou
de temps les puet tres-
loing trasporter en lair
mais les corps celesti
ens ne peuent estre tras
muez par quelque puis
sance cree ne de leu rs
propres lieulx transfe-
rez

Comment les dya
bles puet rompre les
serures et emporter ce
qui est es coffres, et con
ment les diables tem
tent les gens

Semblablemet
se dieu zles bons
anges les nempeschent la
puissance du diable il
puet rompre les serru-
res des huis, et offer
mer toutes closures,
prendre aussi et empor-

ter or argent robes joy
aux et tout ce qui y est
pareillement esrachi-
er les arbres, et ou il
veut les ruer impetueu
sement, puet terrible
ment tempester la mer
destruire les vingnes
bledz et tous les biens
de terre et cet mille dau
tres dommatges puet
procurer aux hommes

Par ceste art aussi
il fait souuent aux ges
de grans temptacions
et terribles assaulz, et
de pluiseurs fois helas
il les vainct et surmon
te il leur offre et met
au deuant choses plai-
sans et attraians quil
produist de nouuel ou
de quelque lieu les apor
te faisant de la creature

de dieu rois a prendre
les gens. et vnze lach a
les empieschier. Et sil
soit quil ne les puist a
uoir de ceste luicte il les
euapst par autre plus
subtil art. Il esmeut
en la personne les passi
one et mouuemens de
lappetit sensitif. et tres
subtilement senquiert
et auise a quel pechie el
le est plus encline. Ce
congneu il assaie tous
moiens qui peuent ser
uir a obtenir son conse
tement en cestui pechie
et par vn tour ou par
autre il les enuerse et a
bat silz ny resistent et
se la tresdigne grace de
dieu ne les en preserue

Le tiers enseignement

parle des choses que le
diable fait par illusion
et par seule semblance
sans quelque verite

A soit ce doncqs
q le diable puist
faire moult de choses a
la verite et sans fainte
comme il a este dit tou
tesuoyes il en est plu
seurs autres q en tout
sont exceptez de sa puis
sance lesquelles ce tro
peur affaictie se fainct
pouoir faire et par ceste
illusion mensongiere
met ses seruiteurs en
erreur dampnable.
Ce tiers enseignement
doncques declairera co
ment len pourra discer
ner et congnoistre lesql
les choses se font du di

able a la verite et les q̃l
les ne se font que par
semblance et aparence
monstra aussi la ma-
mere du faire et cõmēt
il y abuse ainsi les gēs
ilz sont quatre gendres
et differences de choses
qui ne sont pas subiec
tes a la puissance natu
relle des angeles

Les angeles bons ou
mauuais ne peuēt tou
chier de leur vertu natu
relle a la mutaciõ des
cieulx

Du premier gen-
dre sont les cieulx
ausquelz quelque alte-
racion ne puet auenir
par les semēces eleme~
taires dont dessus a es
te parle comme ilz ne

puissent receuoir aucu
ne nouuelle mutacion

Ainsi les eclipses
du soleil e de la lune nr
peuent aucunement es
tre auanchez ou retar
dez de leurs cours ordi
naires si non par diui
miracle. Pareille-
mēt les estoilles du fir
mament ne peuēt estre
desapointez de leur bel
le lumiere ja soit ce que
grosses nuez nous peu
ēt bien muchier la clar
te de leurs rays et lors
ne auient mutacion es
estoilles mais seule
ment en lair. Et ceste
mutacion se puet faire
du diable comme dit a
este nagaires

Les angeles ou dia-

bles ne peuēt faire duŋ
homme vne besœ ne œ
vne beste vne autre bes
te

¶A seconœ mani
ere œs choses qui
surmōtent la puissan:
ce œs angeles et œs es
peces naturelles q̃ sont
les parties essencieles
du monœ car vne espe
ce ne puet aucunement
estre muee eŋ autre con
me vn homme ne puet
par quelque vertu estre
trãsmue eŋ beste mais
tout ce que leŋ dit estre
fait œ teles œuures nest
que abus et fausse illu
sion œ sorcerie et com:
me œ puist auenir se:
ra assez tost œclarie.

¶Il nest œs ie possible
vne espece estre trãsmue

eŋ autre. Car comme
selon les phylosophes
vne chose ne puet estre
faicte œ chascune autre
mais fault que par na
turelle transmutaciŋ
chascune chose se face
œ certaie et œterminee
matiere. et q̃ le sembla
ble soit engendre œ son
semblable. Comme
aussi vne substance ne
puet estre produicte œ
neant si non par creaci
on qui est œuure œ la di
uine ommipotence. Il
est œ tous poins impos
sible q̃ vne espece fors
par la sacree et incopre:
hensible transsubstan
cion qui appartient seu
lement a la vertu infi
me œ la diuine maies:
te laquelle chose nostre

foy afferme auenir ou
saint sacrement de lau
tel qui est vne des souue
raines graces que dieu
fait a son eglise .mais
nous nauons pas iten
cion a present de parler
plus auãt de ceste ma
tiere .aussi a elle son li
eu ailleurs

Les angeles ou dia
bles ne peuent faire pas-
ser vn corps parmy vn
huis clos

E tiers gendre des
choses qui point
ne sont ou pouoir des ã-
geles est des quantitez
dimensiues. lesquelles
ne peuent ensemble es-
tre en vng mesme lieu
fors par miracle diuin
et ne se peuent entreper

chier et penetrer ne per-
dre la propre nature et
distance de leur situaci
on. Ainsi le diable ne
puet par quelque art
faire ettrer ne passer au
cun corps ferme et mas
sis parmy vn huis clos

Et sil semble ce aue
nir il fault dire ou q ce
nest que pure illusion
et fantosme sans verite
ou que la chose que len
voit soit vn corps for-
me de lair puis le fait
en quelque lieu clos en-
trer petit a petit par les
subtilz pertuis q y sont
et lors le reioinct et asse
ble de rechief lui baillãt
la semblance et espece
de corps ferme. Et lui
conne la figure et cou-
leur du corps quil cons

trefait.Par assez sem
blable maniere voyds
nog en bien espesses nu
ees apparoir comme
formes de montaignes
ou de bestes et autres di
uerses ymages.Nous
voions aussi pareille=
mēt que en larc du ciel
aparent diuerses cou
leurs qui toutefois ne
sont pas vrayes cou=
leurs

Les angeles ou dya
bles ne peuent epcercer
œuure de vie es corps

A quarte mani
ere des choses qui
passent la vertu des an
geles est des œuures de
vie lesquelles ne peuēt
aucunement les bons
āgeles ou mauuais ep

cercer en nature corpore
le.car vne substance x
tous poins separe du
corps et q̄ est subsistent
en sa purite immaterie=
le sās quelque dependen
ce de chose corporele com
me est langele ne puet
viuifier substanciele=
ment vn corps.et com
me la seconde et acciden
tale perfection presupo
se necessairemēt la per
fection premiere et esse=
ciele il sensieut que ope
racion de vie ne puet es
tre en vn corps sans la
substance de vie.ep pour
tant les angeles ne peu
ent en corps non viuifi
ez epcercer operacion de
vie.Ainsi toutes les
œuures et operacions sē
blās estre œuures de vie

quilz sont es corps q̃lz
ont prins ne sont pas
vraies mais seulemēt
aparans. Les ange
les doncques quāt par
lent es corps dont ilz v
sent ne produisent pas
vraye voix humaine la
quele est formee par res
pirer et par aucuns ins
trumens estans en la
gorge de lomme comme
est vng buseau qui sap
pelle des phylosophes
arterie faisant la voix
mais par rompre lair
en diuerses manieres
ilz formēt aucuns sōs
semblable a la voix hu
maine. Et par cntgin
tresaigu congnoissent
la signification diceulx
sons et les insinnent et
adressēt aux hommes

comme silz parloient a
eulx qui touteffois ain
si cōme dit est nest pas
a la verite parolle hu
maine. Pareillement
ilz ne voiēt pas des yeux
estans es corps q̃lz ont
car ilz nont point puis
sance de vie ne esperit
visible ne oient point
aussi des oreilles mais
ilz ont par leur seul en
tendement espirituel
toute la congnoissance
que ont les hommes
par iceulx sens car ilz
congnoissent et discer
nent tout ce que les hō
mes voient et oyent ai
si ilz respondent aux in
terrogatoires et demā
des q̃ les gens leur font
et en toutes diuises tiē
nent les manieres que

les gens ont coustume
de craindre les vns aux au
tres. Et semblable
ment ilz ne menguent
ne boiuent a la verite
car mengier et boire sont
euures de lame apparte
nans a la partie vegeta
tiue. Et ceste verite de
claira le sainct angele
Raphael qui estoit ve
nu en forme dhomme
acompaignier le josne
t hobie ou voyaige quil
fist a aler querir sa fem
me. car apres quil eut
acompli lambassade que
dieu luy auoit chargie
il descouuri son estat a
ceulx de la tresuertueu
se et bien moriginee mai
son de thobie et leur dist
tadis que jay este auec
vous il vous sembloit

que ie mengasse et beus
se, mais ie ne vse que
de viande espirituele et
de nourreture inuisible
Ja soit ce conques que
les bons angeles et mau
uais vsent en teles cho
ses de dissimulacion et
faincte ilz le font toute
fois a bien diuerse iten
cion. Car ce qui se fait
des bons a saincte fin et
pour aucun salutaire
mistere que ne se fait des
mauuais que par mes
songes peruerses et pour
quelque grant mal pro
curer. Et ce sera plus
aplain declairie ou qua
triesme enseignement

La maniere des illu
sions diaboliques

Omme il soit ai
si que dit est sor-
dre que auons promis
garder nous semont a
present de monstrer la
maniere comment cel
te illusion dyabolique
se fait. Nous deuos
sauoir donc quee que es
uanitez dessusdis le dy
able abuse e dechoit les
gens par deux manie-
res. lune deception aui
ent es sens de dehors co
me en la veue ou oye de
la personne, e lautre se
fait es sens de dedens q
me en la fatasie e yma
ginacion et ceste decep
tion de la veue ou oye se
puet aincoires double-
ment faire. lune mani
ere est par aucune alte
racion faitte ou membre

et instrument sensitif
comme en lueil. car le
diable puet esmouuoir
les espens et humeurs
de lueil. Par quoy son
iugement se mue e chā
ge. Et par ceste mani
ere il puet souuet errer
et estre deceu en icellui
son iugemet et puet au
cune chose iugier estre
dautre couleur ou figu
re quelle nest a la veri-
te. Et a ce sert la doc
trine des aucteurs de sci
ence perspectiue qui en
seignet que lueil est en
pluiseurs manieres de
ceu en son iugemet. par
ce quil est diuersement
dispose ou transmue q
me se la purnelle est ql
que pou transportee on
iuge dune chose que ce

foient œuly,q se elle est
hastiuement tournee(q
branlee il semble quon
boye aucune lumiere œ
feu .et semblablement
par autres diuerses et
semblables mutacios

La seconde maniere
œ œste œception auiet
par immutacion faitte
en la chose visible . car
comme le dyable puet
œ air amasse former
aucun corps œ tele cou=
leur et figure quil beut
aussi puet il a un corps
œsia estant en nature:
baillier sceblance œ cou
leur et figure a sa bolē
te par ce ql amasse lair
estant autour dicellui
corps lequel air il faco
ne en tele maniere figu
re q couleur que bon lui

semble .Ainsi le sens
œ la personne est œceu
iugant la chose brue es
tre œ lespece q nature q
la figure quil boit la œ
monstre .laquele chose
est a la berite toute au=
tre. Comme quant il
iuge un homme estre u
ne beste pour la figure
œ beste quil boit . Et
nest pas marueille sil
fait tel iugement.Car
les physlosophes dient
que la figure dune cho
se entre tous les autres
acciœns communs est
ce q plus expressement
œclaire lespe.e œ la cho
se .Mais quoy que ain
si soit que dit est neant
mois le sens œ œhors
côme lueil ne erre point
en son iugement ql fait

de sa propre matiere
et obiect. Car son pro
pre obiect de quoy iugi
er il sentremet est cou-
leur ou figure, et ceste
couleur ou figure dont
il iuge, est a la verite im
primee en lair par lart
du diable. Ce nest pas
lueil que la est deceu.
Mais cest le sens com-
mun q a ceste occasion
erre et grandement sa-
buse. Car comme son
office soit de joindre les
accidens de dehors a la
substance ou ilz sot par
ceste mutacion qui est
faitte de la figure et cou
leur de la chose veue il
iuge icelle figure z cou
leur estre ou corps ou el
le nest pas comme il iu
ge la figure duy cheual

ou duy chien estre en v-
ne personne. Ainsi il
lui semble que la perso
ne soit conuertie et tras
muee ou cheual ou en .j.
chien et toutefois il nen
est riens, car conme dit
a este dessus vne subs-
stance ne puet estre tras
muee en autre si no par
la vertu diuine. En
ceste illusion doncques
nest muee ne la substa
ce de lomme ne sa figu
re. Mais sa figure est
muee par lautre figu
re dont la sienne est a-
uuronnee, et soubz ceste
figure illusoire lomme
est presente a lueil par
quoy auient ceste decep
tion. Et ceste verite
ne fut pas pgnoree de
sainct benoit ainsi que

sainct gregoire con te.
Car comme on lui eut
amenee vne josne fille
qui par lenchantement
dun magitie sembloit
estre muee en iument il
congnut incontinent ql
le estoit femme et non
pas beste. et que la for=
me de iument nestoit
mie en la pucelle mais
seulement es peulx des
regardans, car leurs
peulx estoient meuz de
la figure que le dyable
auoit imprime en lair
qui lauuironnoit et ne
receuoient impression
de la figure de la pucele

La maniere de illu=
sion dyaboliq en la fan
tasie et pmagination
des gens, et comment se
font les songes

Vient aussi ceste
deception illusoi
ree en limaginacio et fa
tasie de la personne co
me nog voions commu
nement somes deceus
en songant et la mani=
ere de ces aparitions de
songes est declaree par
aristote qui dit. Quat
la personne dort et que
foison sang descent les
mouuemens et inpres
sions qui sont demou=
reez des motions sensi=
tiues et sont conseruez
es esperis sensitifz meu
uent lors le sens com=
mun, et lui viennent te
les aparitions comme
sil estoit meu de vraies
choses au dehors. Et

se puet faire tant forte
et vehemente gmotion
des esperis e humaurs
que ces aparitions peu
ent mesmes auenir en
veillât quant par grât
trouble et forte impref
sion de la fantasie les
sens de dehors sont de
tous poins alienne[z] et
estrangies de leurs pro
pres mouuemens com
me il appert es freneti
ques et demoniacles .
Et ces choses se peuêt
faire du dyable . et par
ceste maniere il abuse
souuent les ges . les q̃z
veillans cuident veopz
oir ou faire merueilles
et si ne voyent oyent ne
font chose quelconque

Et ceste maniere da
bus est touchie de sainct
augustin en son liure de
lesperit et de lame . ou il
dit que les diables anõ
cent aucunes choses a
uenir e font de bien mer
uilleuses œuures par
quoy ilz attraient et de
choiuent moult de ges

Et de ce vient que au
cunes simples femme
lettes qui se sont de tog
poins habandonnez au
seruice du diable et se
treuuent telemêt sedui
tes de ces illusions et
fantasies diaboliques
quelles croient et affer
mêt qlles cheuauchent
en la compaignie de das
me herodias et de Dya
ne deesse des payes et au
tre innumerable multi
tude de femmes et leur
monstre le diable aucu

nes choses plaisans et
delectables et aucunes
espoventables et terribles
a la fois leur monstre
gens de leur congnois-
sance et autreffois ges
incontyneus et tous es-
tranges. Ainsi les pour
maine le bon maistre
par montaignes et va-
lees leur faisant accroy
re ce quil veut. mais ce
ne se fait seulement q
en esperit et ymaginaci
on et non pas a la verite

Et neantmoins les
desloyales et mescrean-
tes gens cuident que ce
auientyne reelment en
leur corps. Et certes il
est bien fol et abesti qui
pense que ces choses qui
ne sont seulement que
par ymagination se fa

cent par vray mouue-
ment de corps. Et
iusques ici sont les pa-
rolles de sainct augus-
tin. Lame doncques
enuelopee de ces impres-
sions dessusdictes est de
ceue pour ce que sentat
qlque petit mouuemet
par deens cuide que ce
soit vn bien grant mou
uement au dehors com
me aristote dit quelle
repute vng petit son es
tre tonoire et a vn pou
de lumiere de chandeille
elle cuide ql asclaire bien
fort ainsi selon les dy-
uerses complexios des
vapeurs auec lesqueles
sont mesleez les yma-
ges des songes et ensem
ble sesliuent ces apari
tions et se diuersifiet

ainsi ce qui est esleue a
uec la vapeur de cole a
duste et brulee q sappel
le merancolie semble es
tre blesechant mordant
agu trenchant et com
me ist et damere fiellee
Et ce qui seslieue auec
la vapeur de doulp et de
cler sang semble bel et
plaisant. et est auis q
on boye e sente roses ou
autres fleurs et paral
lemet est des autres hu
maurs

La maniere de cong
noistre se les malefi
ces des vaudois se font
a la verite ou seulemet
par illusion

Ou surplus est bi
en a considerer en
ceste matiere q les cho

ses q le diable par son
subtil engin puet faire
a la verite ne se font co
munement de lui que
par illusion fantasiq.
Et puet on congnoistre
par aucuns certains si
gnes se ces malefices
dyaboliques se font a
la verite ou seulement
par ymagination illu
soire comme se lors que
ces gens dient auoir
vole ou cheuauchie auec
le diable. Ils estoient
absens et ne les veoit
on es lieux de leurs re
sidences. Il est a presu
mer que ce se faisoit a
la verite mais se tasoit
ce ql leur semblast gtz
volaissent ainsi neant
moins on les veoit con
me on auoit tousiours

acoustume . il est bien
cler que ce nestoit que
illusion . pareillement
quant ilz retournoient
des conuois du dyable
ou affermoient auoir
este . sils se trouuoient
plais et bien repeus . cel
le chose auoit este acer
tes . mais sils reuenoy-
ent le ventre vuit ilz a
uroient este abusez .
Quant aussi ces perso-
nes quilz auoient veus
comme disoiet en leurs
detestables assemble-
es ilz les recongnoissét
bien par ceste seule com
munication et acointa-
ce se apres en autre lieu
les trouuoient . cest signe quilz auoient este a
la verite ou semblable-
ment quant de ces asse

blees ilz raportent au-
cunes vrayes choses co-
me or argent robes ou
telles semblables besoi-
gnes que len puet tou-
chier a la main et reele-
ment tenir et possesser
il est a croire que ce nest
mie bourde controuuee
et pareillement en plui-
seurs autres choses len
pourra subtilement en-
querir et congnoistre la
fraude de lennemy . Et
par celui mesmes ce au-
tres bons cristiens con-
tre garder et preseruer
de ses tricheries et faus-
setez . Touteffois en
ceste matiere il faut en
souueraine diligence a-
uiser que on ny face ql-
que inquisition . car par
ainsi vouloir esceuer vn

moien peril de cefte mer
humaine ley fe plonge
roit en autre trefpar:
font gouffre trop plg
a redoubter et querant
la lumiere on fe trebu
cheroit es obfcures te
nebres. Car ceft vne
rigle toute commune
en fainte theologie que
a toutes vaines inqui:
fitions le mauuais ef
perit icontinet fe aioict
et acourt et q en icelles
ley fait toufiours allia
ce au diable, ja foit ce
que on ny penfe doit dy
rectement. Et pour
tant tous bons criftiens
doiuet eftre fort diliges
def cheuer toutes ces vai
nes inquifitions. Car
comme dit faint pol.
Quele acoitance doit

auoir ihefucrift au dia
ble. quele communica
tion puet auoir la lu:
miere auec les tenebres
ou qle familiarite puet
eftre entre iuftice et ini
quite

Auertiffement pour les iuges

Et pour ceux qui
font iuges de ces
befoingnes doiuent bi:
en pefer a la balance de
raifon que riens ne fait
a la grandeur de ceftui
cfme enorme fe ces cho
fes fe font a la verite,
ou par feule apparence
. Car commet quelles
fe facet toufiours doit
eftre egale la condemp:
nacion et painc. Sy ne
fot ces deteftables gies
en riens releuez quant

en suiuant les menson
ges des peruers espris
Ilz se trauuent paps
de bourdes et repeus du
uent de baine car la sub
stance du crisme en soy
ne fait pas tant a con-
dempner comme fait la
conscience du criminel.

Les docteurs dient
tu peches autant que tu
as intencion de pechier
et se ton oeil est peruers
tout ton corps en sera
tenebreux. Lapostle
dit que tout ce qui ne
sourt point de foy est pechie. Lequel parolle
doit estre estendue affir-
matiue comme les the-
ologiens lexposent, et
est le sens, que quicon-
ques fait aucune chose
contre le iugement de

sa conscience il se met ou
chemin denfer et y court
de chaude tire. Or est
il cler que ces maudictes
gens dont nous parlons
ont tele science en leurs
dyableries faisant que
pensent et croient com-
mettre tous les execra-
bles et enormes crimes
que bouche pourroit no-
mer ou cuer penser. Et
quilz appliequent tout
leur estude a continuer
iceulx detestables ma-
lefices estans fermemet
resolus de boloir perse-
uerer en ceste tresabho-
minable erreur et sans
quelque alienacion den-
tendement ou blescheu-
re de sens demourent en
ceste mescheance. Au
surplus ilz font an-lia

ce au dyable .et icy gist
tout le pois de cestui tres
horrible abus. Ilz se a
lient dis ie a lennemy
non pas comme en pas
sant ou par quelque le
giere passion, mais de
propos ahurte et de pen
see obstinee ⁊ en font leur
dieu. lui sacrifient lui
exhibent honneur et font
la reuerence comme a
dieu. Auec ce ilz abu
sent dampnablement
des sains sacremens de
leglise. se glorifient es
ymages du dyable. ne
tiennent quelque conte
des glorieux sains ⁊ ne
mesprisent point seule
ment la beneurte eter-
nele et la vie de para-
dis. mais en ahurtee co
tumace et en toute ob-

stinacion afferment ql
npa quelque difference
entre la mort dun hom
me et dune beste. et que
quant nos trespasons
lame se meurt conme
le corps. et est tout vng
de nous ⁊ des bestes mu
es. lequel dampnable
erreur est de si grant dan
gier ql sil entre vne fois
ou cuer de la personne
il efface toute crainte ⁊
reuerence de dieu. et ny
sueffre venir quelque
vertueuse pensee

Le quatriesme enser
gnement est comment
len pourra discerner et
ggnoistre se ces auures
dissus touchees se font
des angeles ou des dya
bles

Omme il soit cer
tain que tant les
bons angeles comme
les mauuais peuet fai
re les choses dont a este
parle et quilz les font a
la fois reelment et a la
verite a la fois aussi ne
les font que par appa
rence les bons cristiens
qui doubtent dieu et ai
ment sa loy doiuent fai
re souueraine diligece
de sauoir iugier quant
ce sont euures du bo ou
du mauuais esprit af
fin que eue congnoissa
ce que ce soit de la part
des bons angeles ley re
coiue honnourablemet
e en tgn de deuocio leurs
sainctes reuelations e
les bons et salutaires
aydes quilz comme de
putez de dieu a auoir la
garde des gens leur en
seignent et annoncent
aussi que fearentemet
e en toute diligence ley
acomplisse ce quz amo
nestent.   Et au con
traire que ley soit soin
gneux de rebouter les
peruerses machinacios
de lennemy et diligent
de soy contregarder e de
lesau de vraye et ferme
foy garantir contre les
subtilz enuahissemens
dilluy et comme dit la
saincte escripture. Dy
eu baille a ses amis au
cun signe et enseigne
met parquoy ilz se peu
ent preseruer du trait
du dyable et garder de
ses faulx et destournez
tours

Par deuote oroison
l'en puet discerner quāt
cest euure dangle ou de
diable.

Remier donchs
ce en chief a ce sert
deuote et continuelle o-
roison. Car comme dit
saint jaques. Moult ba-
lent saintes prieres bi-
en continuees. Nostre
sauueur certes comme
bon pere et tresloyal seigneur ne nous souffre-
ra point auoir plus de
temptacions q̃ ne puis-
sons porter. ains fera
mesmes nostre prouf-
fit de ces temptacions
voire se nog demourds
en saiete foye et en la ver
tu du saint nom de ihe
sus nous requerons a
pre a dieu. car lui q̃ est

verite et mētir ne puet
le nous a ainsi promis
en leuuangile. Demā-
dez dist il et on bog don
nera et autre part nog
dist. Tout ce q̃ en mon
nom prierez a mon pe-
re. bous sera de lui ot-
troie. Nous donchs
qui sommes de toutes
pars auironnez des lacz
du dyable lequel a tou
te heure nous gaitte et
espie deuons bien prier
pour nous mesmes et
aussi lun pour lautre q̃
dieu par sa grace nous
preserue et deffende de
ces terribles dangiers
et souuerainement de-
uons veillier en toute o
roison quant nous sen
tons les desguisees tēp
tacions de lennemy qui

se transfigure et met en
forme de bon esperit soy
faingnant angele de lu
miere. Car ce loup ra
uissant couuert de la pe
au et habillement de la
simple brebiette frau
duleusemet nous scet
bien enuahir. Sy sont
ses assaulx de tant plus
a redoubter quilz sont
moins ouuers et plus
desconigneus

.Pour discerner ce q
dit est il fault prendre
garde aux fins ou les
esperis contendent

Autre maniere
commet len puet
congnoistre se cest bon
angele ou mauuais est
par prendre garde aux

fins ou iceulx esperis
contendent car le saint
angele sefforce tous
iours de nous mener la
droite voye de salut et
nous guider ou chemin
de gloire pardurable si
seruet toushours leurs
enseignemens a nous
conseruer et parfaire m
la saincte foy catholiq

Mais ces dampnez
esperis ennemis de nostre
salut mettet tout leur
effort et appliqnt tout
engin et industrie a nos
mauuaisement dece
uoir et trayz faussemet

Et toushours labou
rent nous amener a q
mettre quelque horrible
crisme a la fois aussy
pour plus subtilemet
nous abuser nous fot

faire aucune chose bon
ne et vertueuse de sa na
ture mais mal circon
stancionne et euelopee
de vicieuses et enormes
qualitez parquoy aussi
nous tirent a dampna
cion

Pour auoir congnoiss
sance et discrecion de ce
q dit est il faut prendre
garde a la maniere et
circonstance des œuures
des esperis

Ou surplus ces es
peris peuent estre
discernez par la mani
ere et circonstace de leurs
œuures. Car comme
sainct augustin nous en
seigne les bons ageles
accomplissent les mer
uailleuses œuures quilz
font par euidens signes

de publiq justice mais
les mauuais le font
par secretes apatis quen
cions celeez et dampne
ez obseruances plaines
de toute mauuaise fic
cion

Comment les bons
ageles usent a la fois
de bonne et sainte fain
te

Es bons ageles
doncques quant
ilz se faintgnent exercer
œuures de vie es corps
quilz ont prins. ilz ne
contendent pas a frau
de mais nous veulent
instruire de la verite.
Et pour plus conuena
blement ce faire ilz co
descendent a nostre hu
maine fragilite et par
ces ymages sensibles

qui nous sont famili:
eres & cōnaturelz nous
donnent a congnoistre
leurs perfections espi:
ritueles et tresdignes
vertus nous sont auf
si en ceste doloureuse
vie sauourer et vn petit
gouster de la glorieuse
communicacion que a
urons auec eulx en la
haute maison de la glo
re celeste affin de nous
animer a bien faire et
de plus en plus nous
esuertuer et enflamber
a tendre a ceste diuine
habitacion. Et sem
blablement es visiõs
prophetiquesqui se for
ment en limaginaciõ
de la persone les bons
angeles ne sueffrent
les prophetes et sains

apostres sarrester en y
celles semblances et
visions pmaginatiues
car ce ne se feroit sans
deception et abg mais
par telles representez
figures ilz leur ensai
gnent les hauy et secretz
misteres des trespar:
fons iugemens de dieu
comme jheremie par le
pot enflambe z le vertge
veillant quil vey enten
dy incontinent que la
iustice diuine qui sur
les pechies des gés veil
le metteroit en desolaci
on et gast la sainte cite
de jherusalem et tout
le pays de iudee. Pa
reillement ysaye voiãt
en pmaginaciõ dieu se
ant en vn hault et esue
ue trosne soudainemēt

entendy par ce estre si
gnifiee la maieste de di
eu et sa tresexcellente p
sisance sur tout le mo
de qui par elle est gou
uerne et amministre.
Semblablement eze
chiel regardant les bes
tes et roez qui lui appa
roient en vision ymagi
natiue fut des sains
angeles instruit que ce
signifioit le sacre miste
re de la prouidence diui
ne. Daniel aussi voi
at parallemet le grat
ymage et statue degrat
hauteur contignait par
ce estre donne entendre
la conduite et adresse de
la diuine prouidence
sur le gouuernement
et amministracion de la
creature humaine. En

toutes les besoingnes
conques qui par lindus
trieux art des sains a
geles sont faintes ou
apparentes nest trou
uee aucune deception
ne vaine fallace mais
tout sert a quelq haut
diuin mistere. Com
me semblablement il
nest aucun de tant siri
euse malice comme te
roy qui voulsist nostre
seigneur Ihesucrist re
prendre de mesonge de
ce quil faingny sesson
gier des deux disciples
alans en Emaux qui
le constraingnirent de
mourer et soy logier a
uec eulx. Ou quant il
apparut a marie mag
dalene en forme de gar
dinier. A ce propos

parle sainct augustin
disant que tout ce que
nous faingnons nest
pas mensonge. vray est
que q faint aucune cho:
se que riens ne signifie
il ment et bourde. mais
nostre faintise sert a si
gnifier quelque chose
ce nest pas bourde. ais
est figure de verite. car
autrement il faudroit
dire que tout ce quia es
te dit en figures des sa
ges gens et sainctes per
sonnes et mesmement
de jhesucrist fut repute
et tenu pour bourde et
mensonge. La veri
te certes de telz langai
ges figuratifz nest pas
en lescorce des motz. et
ne se doit prendre selon
lentendement q iceulx

motz de soy maismes
portent. mais selon ce
que celliu q parle veut
par telles parolles si:
gurer signifier et estre
entendu. Et conme
dit est que parolles peu
ent estre fainctes sans
mensonges aussi len
puet faindre faire aucu
nes choses a signifier
autres et ce sans men:
songe

Les faintes du dya
ble sot tousiours mau
uais et mensongiers

Ais tout autre
ment est des eu
ures et parolles du dia
ble. car tout ce qbz font
et dient est signe men:
songier et nest que tro
perie et mauuaise. ses

duction . car ia soit ce
que aucunes choses se
facent de lui a la verite
toutefois se sont elles
mensongieres en lintē
tiō du diable qui les
fait . car il content par
icelles abuser et dece-
uoir ses subgetz et les
tromper a bon enscient

Je cuide auoir assez
traittie de ceste matiere
de baudrie dont iauoie
emprins parler. Et se
ie nē ay dit assez. si en
ay ie autant dit comme
iay sceu. Jen ay certes
fait tout mon loyal po
oir. Saucun bien donc
ques si puet trouuer iē
seray bien ioieux. Et
pe tresaffectueusemēt
que dieu en soit matym
fie comme nous naids

aucun bien qui de lui ne
sourde. Et se iay en au
cune chose failly. ie re-
quier que benignemēt
soit supporte la fragi-
lite de louurier qui com
me dit iob a sa demeu-
re en son hostel de terre
cest assauoir en corps
mortel et passible sub-
iect a cent mille imper
fections et faultes. Su
plie aussi que en conois
sant son bon voloir len
veuille pour lui dieu pri
er affin que ou moien
dicelles deuotes parcs
il puist ipetrer la grace
du pere de misericorde
seigneur et prince de tou
te gsolaciō qui est glo
rifie et benoit
en tousles
siecles